HEART
心|視野

HEART
心|視野

你的善良必須有點鋒芒 2

如何聰明善良，才能讓你做個
內心柔軟，但有骨氣的好人？

慕顏歌——著

目錄

第2章 那些總是要我們體諒的人，請你走開

第3章　別讓自己的慈悲變成了自己的卑微

第4章　善良本無錯，保護不了自己就不對了

好評推薦

「願我們都能成為良善的人，然後遇見配得上我們善良的人。」

——P's，作家

「妥協與和善是種選擇？又或者是賦予自己的要求命令？作者透過犀利地面質，協助讀者能鬆動名為善良的枷鎖。」

——方格正，臨床心理師

「你不是脆弱，只是還沒有找到自己的勇敢。這本書將帶你在這個人性相殺的世界裡，找到真正善良該有的力量。」

——田定豐，種子音樂創辦人／作家

「天啊！這不是銷售破十萬的神作《你的善良必須有點鋒芒》的續作嗎？太威啦！今年絕對再引起討論風潮的續作大書，一定不可錯過。」

——何則文，作家／青年職涯教練

前言 黑羊效應：缺愛的人最容易善良

有時，善良是絕望的掩飾

有時，**善良會成為缺愛、自卑、懦弱、孤獨、偏執、經常被孤立和欺負的代名詞**，如果不是因為編輯過《黑羊效應》（*Black Sheep Effet*，指一群好人欺負一個好人，其他好人卻坐視不管的詭譎現象）一書，我很難把善良的意思與這些心理學名詞直接關聯起來。直到出版了《你的善良必須有點鋒芒》一書後，我才知道世界上有如此多的暴力與霸凌，有無數在黑暗中的人，他們在職場上遭受到上級欺壓、下級欺騙；在家裡被羞辱，甚至毆打；在朋友圈裡害怕得罪人而不敢拒絕人，自己內心的痛苦和壓抑無處訴說，因為沒有人相信，甚至沒人願意傾聽，於是才有了各種因為自己無力反抗導致的抑鬱、失眠、孤僻甚至自殺等。

來自社會關係導致的各種災難層出不窮，全都因為我們無底線的善良，讓社會給了我們無盡的絕望。各種自殺事件曝光後，許多網友紛紛述說自己經歷或見證過的各種霸凌事件。加害者發洩完畢就忘記了自己造下的一切罪孽，留下受害者在永遠沒有盡頭的屈辱裡尋找自救之道。

我曾喝過半瓶農藥、割過幾次手腕，是深深知道一個被霸凌的人，處在怎樣的絕望裡。然而，更難過的是不被很多人理解，那些人會輕浮地為人著想，會輕浮地設身處地換位思考，會輕浮地覺得這才多大點事啊，承受力也太差了，甚至打著「我這不都為你好嗎，你怎麼就不記得我的好」的旗幟安慰人。記打不記好，因為痛的、苦的不是你們。你們只記得你們受的苦，即使你的苦與真正地被你們霸凌的人相比微不足道，你還是會在別人表達痛苦時暴跳如雷。可是，無論你的表達多麼誇張、敏感甚至是在說假話，都無法打動他們，因為只有他們感覺到的才是真實的。

本書不想討論那些受害者被人以愛的名義理直氣壯地傷害後的無盡煎熬，只單純地說說，為什麼很多人在遭受了侮辱和霸凌後，默默地選擇了自殺。直線思維的人，不懂得事態的複雜性，所以以為導致一種結果的原因是單一的，處理問題的模式也可以理所當然地單一化。是什麼原因，讓那些受害者自我救贖的勇氣，只用來自殺（或抑鬱、憂傷、孤僻和肉體自殘），而不是反抗呢？

你根本不知道自己可以反抗

人的大腦有一套反應機制的模式，大腦的認知能力是極有局限的，很多事重複過一定次數後，你就再也不敢嘗試，也就是心理學所提到的：「習得無助感」（Learned helplessness）。這種習得無助感其實就是「絕望」。

「習得無助感」是美國心理學家馬可．塞利格曼（Martin E.P. Seligman）一九六七年在研究動物時提出的，他用狗做了一項經典實驗。塞利格曼找來了三隻狗，第一隻狗不進行任何訓練，只是把牠綁住一陣子，然後鬆綁；第二隻狗則在被綁後，對牠進行電擊，但與此同時，塞利格曼會訓練牠推動拉桿，停止電擊；而第三隻狗在被綁後也接受電擊和推拉桿訓練，和第二隻狗不同的是，第三隻狗旁邊上的拉桿只是個擺設，無法終止電擊。實驗結束後，前兩隻狗都很快恢復到了平常狀態，而第三隻狗卻陷入了嚴重的消沉抑鬱症中。

當牠發現無論自己如何努力去做，都無法改變當下的處境時，便會陷入極度的絕望之中，自此消沉、抑鬱、一蹶不振。

為了進一步確定自己的結論，塞利格曼又把這項實驗進行了改進。他把兩群狗放入吊床中，對牠們進行短暫但會帶來痛楚感的電擊，第一群狗可以透過碰觸按鈕來停止電擊；而第二群狗面對的是一個沒有任何作用的按鈕。做完了這項實驗後，塞利格曼把這兩群狗放到小房間裡，然後用柵欄圍住。當房間地板通電之後，第一群狗很快越過柵欄逃出電擊範圍，儘管第二群狗明明親眼看見第一群狗已經成功逃脫，但牠們依然躺在原地，被動地忍受電擊的痛苦。

動物如是，人也如此。當一個人進行同樣的努力，但在一定的時間範圍內看不到希望時，也會選擇放棄，忍受那些看起來很容易就擺脫的苦難。他只知道以前的努力都徒勞無功，無論自己怎麼做都改變不了當下的處境，卻不知道，自己還可以多試一次或很多次。

我想，如果這項實驗再增加一個環節就更好了。增加幾群狗，一群狗按兩次才能停止電擊，一群狗按三次……以此實驗到狗狗再也不願意按下去，以此測驗大腦模式化的臨界點，那會相當有意義。

那麼，我們的大腦為什麼要自我設限？

我們會用「淺嘗輒止」來形容，為什麼會淺嘗輒止，那些關於成功的理念，如堅持、永不言棄等，為什麼不是大腦的主要模式而是變態模式，為什麼在我們極度想改變自己的方面尤其如此？為什麼我們有那麼多想改變的「壞」習慣，就是無法定下決心去改變？是我們真的沒有自制力，還是我們內心根本不相信那樣做就會改變？

答案當然是後者，你嘗試過，沒有用，內心早就認為毫無改變的可能——深深的絕望感讓你不想再花費力氣，重複那些已經被多次驗證的無效努力。

但我們為什麼會用絕望來限制自己？

為什麼我們要用絕望來限制自己行為的可能性？這才是問題的關鍵。

其實，「絕望後就不再嘗試」，接受命運的擺布，是一種很常見的做法。因為生命短暫，所以人成了速度至上的動物，大腦被設定成了一些固定反應模式，以一勞永逸地解決相似的問題，比如更容易記住圖像、一切都會規律化、模式配對化。要進行模式配對，又要考慮時間問題——不想在同一件無味、無用的事情上浪費太多時間，那麼嘗試就有了次數限制。一般情況下，試上幾次仍然毫無進展或新發現的努力，會被告知到了停損臨界點，再進行下去有五〇％的可能仍然是失敗，繼續努力也就失去了大半的意義，於是更多的情況是：我們都嘗試過了，也不是只嘗試了一次，而是一試再試試了好多次，才帶著不甘和猶豫不決放棄了。

絕大多數情況下，淺嘗輒止是我們的最佳策略，所以一旦開始了某些自我設限，那這些設限就有終身的特性，一輩子如影隨形。所以一些你不得不承認的悲傷現實是：

很多創傷，尤其是長期性的創傷是無法痊癒的。長期的折磨會使大腦神經元改變，長期的人際關係決定了我們的行為局限，所以奧地利精神分析學家佛洛伊德才一再強調童年創傷。原因很簡單，如果你小時候斷了一條腿，一輩子就只能當個殘疾人，任何時候都如此，和年紀無關。

那些過度善良的人，經歷了什麼？

如果我們留意那些過度善良的人，會在他們的成長史裡，發現他們有過大量的被傷害時無人幫助，甚至被落井下石的經歷。一個女孩被學校流氓欺負了，回到家裡卻被暴打一頓，原因是家人覺得她丟臉；另一個孩子做家務時受傷了，家人卻讓他罰跪，認為他很可能故意偷懶；一個人剛得了重病，發現伴侶出軌準備離婚……這和那些無法停止被電擊的狗一樣，在過去某段經歷裡，完全沒有擺脫傷害的可能。而比狗更可憐的是，他們要面對的加害者往往在年齡、體格、道德制高點等很多方面，都具有絕對優勢。精神與肉體的雙重摧殘和威脅，使得他們陷入了一種既無法求助，也無法自行救贖的處境裡。

其實，心理崩潰最主要的原因是自我期望與實際行為的嚴重衝突。當一個人徹底放棄自己，自我期望徹底消失，妥協、自殘和自殺就不過是駕輕就熟的解脫過程，為的是從此靈魂不用在無愛的、暴力和強權的「無間道」裡無盡地煎熬。

一個人如果絕望透頂，那麼讓他努力去改變環境，就成了一件不可能的事。即使改變或逃脫的機會近在咫尺，也會視若無睹，因為對他們來說，被霸凌固然很痛苦，但與反抗或逃脫可能導致更劇烈的痛苦相比，兩害相權取其輕，他們寧願忍受當下的痛苦，忍受相對不那麼慘烈的痛苦。因此，指望處於絕望狀態的人突然「開悟」，主動嘗試些什麼，無異於天方夜譚。

「出身論」很有用，「童年創傷論」很有用，那些渴望不勞而獲的人，那些付出感強烈的人，無疑都是絕望的懶惰者。

他們需要外界的幫助

你的絕望感和無助感，套用到生活中的各方面，認為自己所做的一切都沒有意義和價值，很容易就感覺生無可戀。

你被霸凌時，除了肉體和精神上被雙重虐待外，還有加害人對你人格的羞辱、貶低和否定。無論是有意識的羞辱、貶低和否定，還是為了合理化自己的暴行而進行的無意識選擇，都會導致受害人在遇到困境時，更容易認為一切都是自己的錯，自己應該妥協、屈服，甚至因此認為自己是個一無是處的人。

相信加害者灌輸的一切，相信自己遭到的一切折磨，都是自己咎由自取的……在這種歸因模式中，受害者完全失去自我肯定的能力。在重男輕女的家庭裡尤其如此，因為女孩已經從性別上遭到徹底的否定。在這種狀態下，受害者唯一能夠清楚感受到的，就是自己是一切的罪魁禍首。有個女孩經歷了全家人近十年的羞辱後，成年多年，還是一副無論家裡出什麼事，都是自己錯的心態，而她家的一個姐妹，因為自小甚得父親寵愛，享受到的是刻意的放縱，則無論家裡出什麼事，都是別人的錯，差別立見。

一個對自己和環境都處於徹底失控狀態的人，都有嚴重的心理疾病，他們膽小、怯懦、自閉，不願意勞動，不願意面對這個世界，卻不得不面對世界強加的諸多不公和霸凌，沒有能力從自己完全不願意再面對的苦難中解脫出來。與自閉、抑鬱和自殘相比，繼續在別人的要求裡活下去才需要更多的勇氣和毅力——去面對一個充滿痛苦且自己又無法把握命運的世界。

這些受害者能否走出自己的心理陰影呢？理論上是有可能的（之所以說是理論上的，是因為一般情況下，受害人都不具備這些條件），讓他們與加害者隔離，不再讓那些加害人接近他們，在一個相對安全的環境中，幫助他們學習新的處理方法，他們是有可能恢復一些生命熱情的。但是，他們需要遠離加害者，需要幫助，只是不讓他們再受傷是不夠的。

塞利格曼的第二個實驗，是將蜷縮在地上忍受電擊的狗抱起來，帶著牠穿過柵欄，進入沒有電擊的環境中。反覆兩次後，再對狗進行電擊時，牠就會躍過柵欄，儘快抵達沒有電擊的環境裡。所以，**一個無助的絕望的受害人，也可以在安全的環境裡學習改變環境的方法，成功克服環境制約的經驗會增強他們內心的控制感，增強他們的生命熱情和生活技能**。所以前述所講的女孩，在離家多年後，在遠離加害者以後，慢慢地學會了肯定自己，也終於知道自己經歷了一番怎樣的不堪。

但是，一般情況下，受害人都沒有遠離加害人的條件。

沒有誰會立刻創造出一個安全的環境來，倘若你不幸成為那無辜的「黑羊」，最好方式是「人窮就得多讀書和掙錢」，然而這個建議對一個長期處於懦弱中的絕望懶人來說並沒有什麼用，那些加害者會瘋狂阻止你的自救，除非你願意以最激烈的方式抗爭。

這就是《你的善良必須有點鋒芒2》一書出版的意義：一直孤獨而無助的你，或正在經歷孤獨無助的你，希望你懂得，**這個世界就算不能立刻給你勇敢、堅強和快樂，但至少你還有可能擁有。多看一本書，就能多擁有一分合理拒絕、適度反抗的力量。**

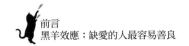

第 1 章

善良不是毫無原則的妥協

無論如何都不能一次次地妥協，
你放棄一次，
就會發現還能放棄一些其他東西，
以後就會放棄更多，
如同慢性毒藥，
有些東西第一次發生就已經徹底改變了。

01 別把生活過成一部「大型妥協劇」

年少時的我們，唯一不肯妥協的一件事，就是妥協。

——綠亦歌，中國小說作家

有人說，胸懷是被委屈撐大的；也有人說，時間是最好的良藥。其實，這些都是沒有營養的「心靈雞湯」，你在調侃自己是「佛系主義」的時候，難道不曾感到一陣自我厭惡，甚至感到對佛陀的褻瀆嗎？

看了幾篇「心靈雞湯」類文章後，很多人感覺自己的人生得到了「昇華」：打遊戲輸了再也不想摔滑鼠，砸鍵盤了；被主管罵、家裡人抱怨也不生氣了；被同事羞辱，朋友欺騙也無所謂了。我們告訴自己，不必為世俗的生活而煩惱不休，也不必為「詩和遠方」而糾結掙扎。

其實，這都是懶人給自己找的理由。懶人們如果連自己的中心思想都找不到，糊里糊塗找到「佛家」，那真是懶到家了。前面是牆，後面無退路，乾脆懶洋洋原地躺好，心想做了未必成功，什麼都不做，就什麼都不會失去，乾脆就什麼都不做好了。

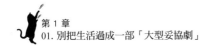

經常在「朋友圈」看到有人在轉發諸如標題為〈運氣不好都是因為你殺生，所以你要放生積福〉這類的文章，還頗受好友認可。文章裡大肆渲染的觀點是：豬是條命，你怎麼忍心吃；兔那麼乖，你怎麼忍心吃；白菜那麼可愛，你怎麼忍心吃；穀子裡藏著下一代的生命，你怎麼忍心吃？

這種「單一歸因思維」其實就是在為自己的懶惰無能找理由。善良是「一口好鍋」，諸如道德綁架、心理疾病和生活問題等「材料」都可以丟給它。如果好吃懶做不想靠自己就活得很漂亮也算善良的話，我覺得愛爾蘭全才作家山繆・貝克特（Samuel Beckett）的荒謬劇代表作《等待果陀》（*Waiting for Godot*），劇中兩名流浪漢果果（Estragon: Gogo）、迪迪（Vladimir: Didi）等待果陀也是很善良的。他們在黃昏小路旁的枯樹下，等待著果陀的到來，為了消磨時間，他們東拉西扯地找話題、講故事，做著各種無聊的事情，還錯把路過的主僕二人波佐（Pozzo）和來福（Lucky）當作了果陀。天快黑時，一個小孩走過來，告訴他們果陀今天不來，明天一定來。次日黃昏，兩人如昨天一樣在等待果陀。天快黑時，這個小孩又來了，告訴他們果陀今天不來，明天一定來。等到樹葉黃了，又綠了，等到波佐成了瞎子，來福成了啞巴，他們還在等待。天黑時，那個孩子又捎來口信，說果陀今天不來了，明天一定來……中樂透的夢還是要做的，萬一受到財神爺眷顧呢？理想還是要有的，萬一實現了呢？

很多女生玩過《戀與製作人》這款手遊，裡面的主要角色白起就是女孩心目中的完美情人，既是成功人士，又擁有「來自星星的超能力」，愛玩的女生就會在上面投入很多金錢。但現實中的完美情人並不存在。大多數女生遇到的都是普通人。一位網友說，一個女孩去相親，相親對象是一位博士後的高材生，女孩問他三十歲有多少存款，他只能悄悄地結帳離席了。要知道，這個問題對於男性來說一直是「敏感話題」，不是帶來否定或侮辱，就是帶來不甘心。我們知道，一般讀到博士後的人，都特別能出成果和吃苦耐勞，自然也成了導師一直想霸占著的「個人資產」，而被一再延遲畢業。

出身寒門的莘莘學子一般家裡多有拖累，不是有需要幫助的兄弟姐妹，就是有臥病在床或有不良習慣的父母。他一度自我懷疑，是不是自己很笨，達不到學校的畢業標準。但後來他發現，自己之所以被導師「綁」著，不是因為他「能力不足」，也不是因為他「深受導師賞識」，而是因為比起其他人來，他更渴望也更需要那一個學位。導師抓住他的「弱點」，便一直以此為由拖著他不放。

有句話說得好，**盲目的原諒與同情是對惡的縱容，對善良的褻瀆**。可是，還是有很多人會繼續待在舒適圈裡守著自己那一點可憐的安全感，直到被別人逼得沒有退路時才會考慮要不要反抗。就像這位博士後的高材生，因為自己太善良，所以一直被導師無故拖著，不能順利拿到學位。

所以，**如果拚命證明自己優秀、善良，都沒法讓你得到認可，甚至被無視的話，不妨試試證明自己很普通，並在適當的時候大膽說出自己的想法**。

像我自己，以前在父母面前是孝女，在家裡是中流砥柱，在公司裡是「扛霸子」，在朋友面前是仗劍走天涯的「劍客」，在戀人面前是完美女神，什麼問題都能解決還一無所求。我努力證明自己很優秀，結果卻是，在很多情況下被無視。所以只能「白天強顏歡笑，夜晚以淚洗面」，所有的痛苦只能獨自忍受。當我自從決心活出自我後，日子好過多了，我也學會了一些事：

第一，我學會了**有選擇性的「傾聽」**。很多人要求你要善解人意，要能聽得進去別人的話，對別人的要求要盡可能地滿足。

可是，那些成天到處傾訴自己的經歷，或散布「八卦消息」的人，不過是中國近代作家魯迅小說《祝福》裡的人物「祥林嫂」*罷了。他們經常在你面前說一些對身邊的人或事抱怨的話，比如：

「有些人一點規矩都沒有，買個豆漿也要插隊，有個人還插到我前面來了，這些人怎麼這麼沒素質？」

「如果我不殺價，不知道虧多少錢，這東西在批發市場才多少錢……」

「我的工作真是太辛苦了，不管到哪都得盯著，稍不注意就出問題……」

＊祥林嫂經歷各種不順，逢人就訴說自己的不幸，整個村民都知道祥林嫂的故事，但人們也從對她的同情、憐憫變成了厭惡，避而遠之。

「你看那個女人家庭條件那麼好，學歷又高，教一堂課就能賺三、四萬元，但還不是經常被老公家暴……」

「錢再多有什麼用，你看××得了肺癌沒半年就走了……」

倘若這些人懂得收斂自我，適可而止，我是不予置評。但他們有一個典型的特質就是，只要看見熟人就想嘮叨自己的生活，如果你有事情要忙，他們還拉著不放，非要你聽他們傾訴，那就非常令人討厭了。

還有一種情況是，他們在工作中遇到了難題，一旦發現你是這方面的專家，或握有某些「資源」，就會不停地找你，覺得你「人好，愛幫助人」。而一旦你不幫他們，他們就會說「沒想到你會是這樣的人，連這麼點忙都不幫，你真是吝嗇」。甚至，他們會把這件事情當作新聞一樣散布出去，讓大家都瞭解你是一個「格局不夠大」的人。

他們覺得好的一切，如果你不認同，你人品有問題！

他們覺得壞的一切，如果你不反對，你人品有問題！

他們自己適應不了社會，卻逼你用他們那套行不通的價值觀適應社會，如果你不聽，你人品有問題！

……

總之，跟這樣的人交流就是人生的災難。所以，你要懂得，**並不是每個找你傾訴的人都值得你用心對待。如果這種傾訴讓你覺得浪費時間，請你不要太顧及面子，而不敢說「不」**。

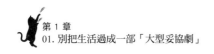

第二，我學會了**適當的「不解風情」**。所謂的「善解風情」，就是在別人談論某個話題時，你要學會主動接話題，讓別人覺得開心、舒服。可是，**如果是一些無聊的話題，都要時刻滿足對方的話，你一定會活得很累**。

還有一種「善解風情」是要懂得討好別人，比如要記得主管的生日，同事的喜好，然後在適當的時候給對方一份驚喜，以求自己能夠在職場混得更好一點。我不太喜歡記別人的生日，甚至我連自己的生日都會忘記。家人知道我這毛病，經常提醒我。但就算提醒了，我還是會忘記。以至於我母親總是很傷心：「我昨天跟你說過啊……」

我也不喜歡無效的社交。所以，那些對我來說沒有意義的事，後來我一律拒絕參加了，比如去參加某些無聊的聚會，去見一些無趣的人。

世間明明有那麼多的美好和有趣的事，你非要在那些無聊的人事物面前妥協，以滿足對方的要求，這其實是一種「自虐」。

自從我學會這兩招後，整個人快樂許多。

生活中，有很多人希望你妥協，希望你滿足他們的期待，實際上，這只是他們自私的表現。在僵化的思維模式下，我們選擇了用妥協來讓對方感到快樂。可是，**如果你的一次次妥協，換來的是別人對你的無視，甚至侵占你的時間，阻止**

你去做自己要做的事，那麼，這時的你不必做到事事「善解人意」。你要敢於說出自己的要求，從而去終止這段傷害行為。

該拒絕時就拒絕，你越妥協，就越不會有退路。

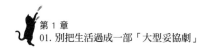

02 你不必勉強自己和所有人都合得來

幸福的關鍵不在於你們有多合得來，而在於你們如何處理彼此的合不來。

——列夫．托爾斯泰（Lev Tolstoy），俄國小說家

絕大多數人都只是朋友的外傳，孩子的前傳，父母的續篇。所以，大環境下的原生家庭藏著一個人性格的顯性基因。**很多「壞人」未必真的壞，但絕對能隨時敗壞掉你一天的好心情，或好不容易建立起來的自信。**他們之所以敢這麼做，不過是因為你比較好欺負。原因可能有倫理上的，比如他是你的父母、長輩、上司或年齡比你大，比如他是你的孩子、晚輩、下屬或年齡比你小；也可能是輿論

上的，比如「男人不能打女人」等。總之，如果他在某方面看起來比你「強大」，比如個子比你高，脾氣比你差，嘴巴比你賤……只要有一樣讓你「看起來不占優勢」，你就有可能被欺負。

你永遠不知道，生活中的「惡魔」藏在哪副皮囊之下。

這個世界的「無理取鬧」之處在於對好人太過苛刻，但對於壞人，卻又過於寬容。網路上流傳這樣一段話：「你跟他講道理，他跟你耍流氓；你跟他耍流氓，他跟你講法律；你跟他講法律，他跟你講國情；你跟他講國情，他跟你講接軌；你跟他講接軌，他跟你講政策；你跟他講政策，他跟你耍流氓。你跟他耍流氓，他跟你講法律。」總之，這類「惡魔」總是一副「我是流氓我怕誰」的樣子。而他們之所以敢這麼蠻不講理，不過是因為吃定了你，並且一定要每次都吃定你，才能證明他們虛弱的存在感。

我想改善一下和父親的關係，雖然我內心十分厭惡他，但是既然必須要一起生活，還是儘量和平共處，於是我主動和父親聊天，希望拿我現在已經做到的小小成績來安撫他一世沒有滿意過的心。我把自己的學習和工作經歷（他基本沒有撫養過我，不知道我的學習情況）講給他聽，過程如下：

我：「老爹，我當年上初三就賺了人民幣二百多元的稿費。」

他：「人家××六歲賺的稿費比你一個月薪水還多。」

我：「我在北大時的導師是××，是家喻戶曉的名師。」

他：「人家××的老師在你上學時都當教授了。」

我：「我認識××校長、××局長、××首富、一個月前掛號都排不到的名醫、清華大學心理學教授……」

他：「我的L老師，哪個不認識，就你認識那幾個人，就別拿出來說……」

父女倆交流不下去了，原本是想讓他高興一點，結果一場「和解會」搞成了「對罵戰」，彼此不歡而散。究其原因，不過就是他無法用暴力打贏我，就想從嘴上勝過我，只是為了否定而否定。

我本來打算與他和解，結果換來的是真的合不來。

有位大師曾對我說，好人需經「九九八十一難」，而壞人只需要放下屠刀，便能立地成佛。無法對純粹之惡進行究責，那種深入骨髓的絕望，在輿論不負責任的加持之下，將摧毀人之為人的信條。這類變態惡人，屬於現代文明社會的「蛀蟲」，他們的存在跟是否成年無關，而只以「是否犯案、是否被逮捕」做為判斷標準。探究原因沒有用，譬如是什麼人間悲劇造就了這類「惡魔」，他們的人性一面在哪，如何才能關愛他們……這類問題似乎沒有答案。

但法律和道德，不該有特赦。

二〇一八年十二月三日，湖南省沅江市發生一起凶殺案，十二歲的少年殺死了自己的親生母親。面對親人的痛苦和疑惑，他顯得若無其事，從嘴裡擠出了幾個字。他承認自己錯了，但不是什麼大錯，「我又沒殺別人，我殺的是我媽。」

十二歲少年殺母的所作所為，不是挑戰了禁忌，而是摧毀了禁忌。

他不能被歸類為禽獸，因為自然界禽獸同類相殺相食儘管普遍，卻都要限定在狹窄的生存空間（食物短缺、生態鏈瓦解）才能成立。他也不能被歸為人類，因為人類應是有最低底線的，面對至親不至於痛下殺手。他卻像屠宰牲口一樣殺了母親，還在家欣然地待著，淡定地說謊……那麼，他是什麼？

是的，他是「惡魔」。同樣，一個成年人，打著教育的旗幟，欺負一個毫無反抗之力的孩子，他心安理得地對弱者施暴，並不是什麼「嚴父」的苦心或善良，而是「惡魔」的本性。

韓劇《請回答一九八八》裡，女主角小時候家裡很窮，她的母親好不容易賺到學費，卻被她的父親偷偷拿去借給一個欠了賭債的朋友。除夕夜，明明說好晚上陪全家人一起守歲，到晚上七點多時，她的父親卻約朋友去打麻將……真的很難說，這樣的父親，是善良的人。在他們身上，我相信都有「惡魔」的一面。

我的父親，在我胳膊被摔斷時，不是帶我去看醫生，而是逼我跪著，然後打我耳光，並且打到我不哭為止；在我的腳被燒紅的烙鐵燙傷時，不是在聽我傾訴後給我找藥，而是指責我嬌氣，只想找藉口偷懶；在我被學校裡的同學誣陷而遭老師人格羞辱時，不是安撫我受傷的心，而是挖苦我懦弱。至於什麼時候看我不順眼就揍上一頓的事，幾乎是「家常便飯」了。那時，我的背上常常布滿了瘀青。哪怕是我左眼受傷差點瞎掉時，他也依然無動於衷，覺得我小題大作了。他的理由是：這樣可以讓我變得堅強。

後來說起這些事時，他竟然說他從來沒有打過我。是的，加害者可以忘記自己犯下的罪行，因為痛的不是他。受害者卻不會，因為我是那樣一步一步地在心驚膽戰和打罵交加的折磨中熬過來的。

中國電視劇《琅琊榜》中的男主角林殊見到靜妃，靜妃替他把脈後，淚流滿面：「要解這火寒之毒，是得挫骨抽筋，穿心扒皮……這九死一生，別人看著的，卻只是你的一臉冷漠淡然，心智超絕，得麒麟才子者得天下，可是，有誰真正知道，你究竟是怎麼熬過來的？」是的，大家可能會看見一個外表冷漠或陽光樂觀的我，但怎麼會知道我是怎麼熬過來的？

也許，外表「灑脫」的你，也是如此。

香港作家張小嫻說，就算親情，也是不平等的。要是你擁有愛你的父母，這份愛，被你虛耗了，還是會為你守候，永不會死心。然而，當孩子需要父母的愛，父母狠狠把他丟開，許多年後想要再愛這個孩子，卻不一定如願。孩子是會死心的。這份親情，在他最想要、在他幼小孤單偷偷哭泣的長夜裡沒有給他，是不能奢望以後可以彌補的。

我從來不反對善良。但我堅決反對打著「為別人好，出發點是善良」的口號，去委屈傷害甚至摧殘別人，成全你自以為是的善良。**真正的善良，是讓身邊的人平時自由而快樂，在他們需要幫助時全力以赴**。我只會喜歡喜歡我的人，只會善待善待我的人，我很難關心很多自以為對我好的人，雖然我會承擔責任。不過，如果他們受苦了，我只能像同情普通人一樣同情他們，像看見別的孩子骨折時哇哇大哭，我也會感覺他很痛然後淚流滿面一樣。

沒有任何人有任何權利對另一個公平的個體無故加以懲罰，同樣，我也不想如此對待自己和他人。所以，如果那些「惡魔」打罵你，說自己也有苦衷，你完全可以驕傲地說，對不起，你不值得被原諒。

自己還在溺水的人，是無法救人上岸的。願你善良，且有力量和鋒芒。

03 何必跟自己過不去，我善良不代表我必須自虐

別和小人過不去，因為他本來就過不去；別和社會過不去，因為你會過不去；別和自己過不去，因為一切都會過去。

——周立波，中國喜劇演員

「善良」的人往往習慣「追究自己」，彷彿一切都是自己的錯，卻沒有想過，其實別人並不需要我們的檢討和自責。一切的一切，不過是因為我們雖然長著不同的臉，但都有一顆自卑的心。

其實，一個人會怎樣表現自己，取決於他「被看見」的經驗和運用知識或技

巧讓自己「被看見」的能力。如果別人喜歡你最真實的一切，你就會真實地活著；如果別人只能看到你的某一面，你就會執著於這一面的存在方式；如果你怎樣做都很難被看見，你就會練就察言觀色的本領，為迎合任何人的心理訴求，隨時調整自己展現存在感的方式……

雖然我們每一個人，都渴望著被看見，被聽見，但社會和家庭無一例外地教導我們，要看別人想要的東西，說別人想聽的話，滿足別人的需求後，自己的需求才有可能被滿足。一旦某些需要和欲望被阻斷，我們自己或身邊的人都會下意識地給我們灌輸這樣的信念：你沒有滿足別人的期望，所以才在這段關係裡受到了傷害。因此你要「向內觀察」，也就是說「要反省自己的過失，一切都是你不夠好導致的」。

這是社會特有的自上而下、多點連接的關係依賴產生的結果。

必須要洞察得足夠多，擁有更多可以依賴的關係，我們才有可能獲得更多、更好的資源，讓自己擁有更多的安全感。

也只有這樣，我們才有可能爭取到更多的「被看見」……

於是，**社會上出現了一種極為特殊的「自省文化」**——**大家都用「反求諸己」**、**「向內觀察」來「消滅」我們的自我意識**。是的，只要我們和外界有了摩擦，那一定是我們自己錯了，我們「要追究的是自己」。

在「追究自己」形成的主流文化裡，我們從小就被教導如何單向對外而不是對內，為了對外，甚至不惜消滅自我意識。連佛教的「向內觀察」修行，也是如此。所以台灣作家龍應台的一段話才如此打動人：

我們拚命地學習如何成功衝刺一百米，但是沒有人教過我們：你跌倒時，怎麼跌得有尊嚴；你的膝蓋破得血肉模糊時，怎麼清洗傷口、怎麼包紮；你痛得無法忍受時，用什麼樣的表情去面對別人；你一頭栽下時，怎麼治療內心淌血的創痛，怎麼獲得心靈深層的平靜；心像玻璃一樣碎了一地時，怎麼收拾？

奇怪的上下級關係、奇怪的夫妻關係、奇怪的醫病關係，以及其他各種奇怪、不自在的人際關係，無一不是這種「族群意識」洪流中的產品。

當你被逼著一直看外面，而不是看自己時，只好壓抑。

當所有關係帶來的傷害都成了你自己的罪過時，只好委屈。

從來沒有人告訴你，一切都不是你的錯，至少不只是你的錯。

真正的向內觀察是：照見自己在關係裡的渴望與壓抑，照見那些所謂「妄想顛倒」的念頭背後的本質。

當你能坦然對內時，才有可能真正愉快地對外。

因此，**向內觀察不是讓你去看自己的不完美，而是讓你知道自己原本完美，是環境使你的某些認知方法處於盲人摸象狀態**，無法真正看到全部，所以你的某些心智反應模式或行為邏輯也和絕大多數人一樣，非常容易讓自己受傷。是「向上負責和向外負責」的整體環境，讓你迷失了自己。

你並沒有錯，只是大家都被自己困住。

我們的主流文化讓大家都被自己困住。

記得看過一個關於醫病糾紛的例子：

一個在紐約某醫院工作三年的護士瑪麗，因為氣候異常，住院病人激增，忙亂中發錯了藥，幸好及時發現沒有造成傷害。不過醫院管理部門還是展開了嚴謹的究責行動。他們從護理部電腦中調出最近一段時間病歷紀錄，發現「由瑪麗負責的區域病人增加了三〇%，而護士人手並沒有增加」，瑪麗工作量變多，過度勞累才會犯錯，人力調配失誤，這是原因之一。

隨後又問及人力資源部，得知瑪麗的孩子剛滿兩歲，上幼稚園不適應，整夜哭鬧，影響了瑪麗晚上的休息。調查人員詢問後認為「醫院的心理專家沒有對她進行輔導，而失職」。

管理部門甚至向製藥廠究責。但誰也不想發錯藥，一個熟練的醫生是不太輕易開辨識度低的藥品。於是，管理部門把瑪麗發錯的藥放在一起進行對比，發現幾種常用藥的外觀、顏色相似，容易混淆，便要求製藥廠改變常用藥片外包裝，或改變藥的形狀，減少護士對藥物的誤識。

隨後，醫院心理專家專門拜訪了精神緊張的瑪麗，讓她不用擔心病人賠償問題，保險公司會解決，還與瑪麗夫妻探討如何照顧孩子，並向社區申請給予她十小時的義工幫助。瑪麗下夜班，義工照顧孩子，以保證她能充分休息。同時醫院特別批准她「放幾天假，幫助女兒適應幼稚園生活」。

如果同樣的事情發生在我們身邊呢？

主管大概會率先訓斥瑪麗：「妳怎麼能犯這種低級錯誤？現在醫病關係這麼緊張，醫院沒錯還天天被人批判呢，妳這不是給醫院找麻煩嗎？」然後，護理部召開緊急會議，最後，為了對病患負責、對護理部負責、對醫院負責的態度，扣發瑪麗當月獎金，全院通報批評。

接著，如果病患刁蠻，還會滋事生非，媒體也會以此大做文章，義正詞嚴地批判：「忙就可以出錯嗎？如果這樣的話，外科醫師忙，手術就可以失誤嗎？麻醉師忙，就可以給錯麻醉劑量嗎？教師忙，就可以誤導學生嗎？司機忙，就可以送乘客到錯的地點嗎？……」

甚至可能有類似〈護士只顧自己的孩子，卻給病人發錯藥〉的新聞報導紛紛出來，將矛頭直指護士本人。缺乏理性看待社會問題的精神，是很難讓我們有自覺去看待別人眼中的情懷。

很多所謂的「向內觀察」，野蠻地逼我們承認：因為欲求不滿而產生的怨與恨都是錯的，彷彿我們不應該有愛恨情仇；彷彿我們不應當生而為人；彷彿我們沒有任何資格感覺自我的存在一樣，但這不過是對生命本質需求的極不尊重罷了

——你要知道，如果我們不選擇喜怒哀樂，愛恨糾纏，我們就不會選擇生命。既然已經入了生命的局，順從生命，是超越生命桎梏的唯一辦法。

如果真有一種所謂的「能夠重塑自我人格，到達內在圓滿、思維通透」的方法——那這種方法，恐怕只有奇人異士或經歷起伏跌宕的人，才有可能修得，進入一個「看山還是山，看水還是水」的偽通透境界。可其間有多少是無奈接受的，有多少是真正放下的，恐怕只有那些自稱很有修為的人自己知道。

而一個令人不得不嘆息的真相是：我們最缺少的恰恰是「向內觀察」。**真正的內省是每一分每一秒裡隨時抽離，看自己肉體的執著點、痛點及釋放點。**但這需要我們澈底梳理自己，重建認知邏輯，而不是去聽信什麼單一學科或某個名聲雖大卻只有半調子專業知識的專家。

你首先應該看見自己，而不是追究自己，不是在你受傷後做人生的「負評師」，跟著別人說什麼「凡所有相，皆是虛妄」，而是應該學會看清「我」這個本體是

如何在任何一段關係裡存在的。你在那段關係裡真正需要的什麼，那裡的恩怨牽念，為何會讓你歡喜、讓你憂。無論你是男是女，是老是少，已婚還是未婚……也無論你是上級還是部下，為父母，為子女，還是為伴侶，**所有關係裡的痛苦與快樂，都在照見你的傷口**。是的，包括快樂都在告訴你自己對關係的依賴，都在告訴你要化解自我與外在的衝突。

所以，你需要看見的是你自己，別再單向地關注世界，別再隨波逐流地用「消滅自己」的方式贏得「關注」，別再跟自己過不去。我們是自己的親歷者，解放自己的路，絲毫無法假手他人。我們可以善良，但是我們不能總受了外傷還受內傷。我們要保持自己的善念，但我們的柔軟不能任意讓別人糟蹋。

自己在岸上，才能救水裡的人。**真正的善良只與原則有關，和無私奉獻多少無關**。不要和自己做敵人；不要活在別人的砧板上與牙齒裡。**你值得善待自己，也值得擁有他人的善意，不要虐待自己，否則別人只會更加變本加厲地虐待你。**

04 有些人誤會你，你沒必要費力去解釋

你會誤會我，不過是因為你不想瞭解我，既然如此，我又何必瞭解你，那就誤會著吧。

生活是由無數不可見的細節無限累積而成的，但我們卻無法知道每一段密集的細節。為了讓生活變得秩序井然，讓一切都在掌握中，我們對行為總有一種不可避免的歸因衝動。

只有知道原因與過程，才能有掌控感和安全感。

所以，能不能控制結果很重要。

但如果結果完全不可控，如果一定要受傷，那是不是還會選擇接受哪種傷害？比如，你知道自己注定要失戀，是和一個成功人士甜蜜地愛一段後失戀呢？還是和一個一無所有的人談一場不甜蜜的戀愛後失戀呢？若有的選擇，一般情況下，你肯定會選前者吧。

一般來說，那些成功人士有更多的責任心——這是使他們獲得成功的基本特質，而一無所有的往往缺乏責任心。所以，這就是為什麼一個女人愛上一個成功人士時，潛意識裡可能都沒有完全在意過物質。這

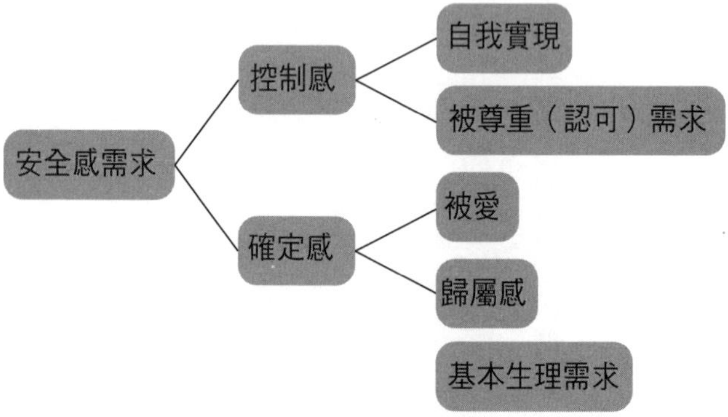

▲只有知道原因與過程，才能有掌控感和安全感。

是因為，一個人的特質，也是一種深入骨髓的本能，經由長期的習慣養成，形成一種獨特的氣質和魅力。在完全失去外在依託後，用時間來檢驗，他們依然會更惹人喜愛，因為他們會更勇敢、堅強、樂觀和負責，而這能極大地給女人安全感。

有些時候，我們是可以選擇的，可惜，大多時候我們只知道全部資訊中的某些片斷，永遠無法控制結果，也沒有選擇，比如被誤會、被傷害等。我們唯一能做的就是接受這一切，誰更能接受，更能適應，誰就會變得更優秀。

記得一位女性給我分享過兩個莫名其妙的誤會。

有一次，她和第一任男朋友剛搬家。打掃時，他們從床底下掃出一盒保險套來，大約有六、七個。可是他們基本不使用保險套，但也沒有丟掉，放在抽屜裡。分手一年後的某次重逢，第一任男友說：「妳知道，我愛妳愛得毫無尊嚴。」她很奇怪他為什麼說這句話，因為她感覺搬家半年後，男友突然變冷淡，或不愛回家。她覺得他已經變心了，受不了兩個人長久的沉默，於是選擇分手。

雖然中間經歷過多次分分合合，兩人也打算結婚，但她覺得自己始終沒有得到完整的愛，她不要一段無愛的婚姻，因此打算在登記的前一夜，收拾行裝，趁他睡著後離開。

他說：「我那時覺得妳就是我的妻子，但我不能忍受，我的妻子跟別人上床了，只要一想到這個，就恨不得殺死妳和那個男人。經過無限的痛苦糾結後，我選擇了放棄男性尊嚴，想著只要和妳在一起就好。」

她百思不解，心想自己跟男友在一起那段時間，根本沒有接觸過其他男人。男友不愛自己就罷了，何必還汙衊自己。

「都這時候了，就別裝了吧，」他抽了根菸道，「你知道麼，半年後，我在抽屜裡發現了一盒保險套，但我們是不用的。我只是不想說，不代表我不知道。」

她努力解釋實際情況，但他說，那只是她編造的一個不成立的荒謬理由。是的，他完全不記得當初的狀況了，無論她再怎麼解釋，他就是認為她出軌了，只是不承認而已。即使她想和好，最後也還是不歡而散。

多年後，她開始了一段新感情。沒想到，她再次因為這樣一件事而被誤解了。她自嘲，還是不要戀愛了，因為最後好像只會換來被誤解和傷害。

這讓我想起一段故事：

陽台上，一個女人想把前一天晾的衣服收回來，但她不知道晒乾了沒有。由於剛洗完手，手上沾了水，她無法用手試探衣服是否乾了。於是，她用臉去蹭衣服。這時，樓下一個男人看到了這一幕，他瞬間愣住了。因為他看到：她在用鼻子如痴如醉地聞一條男士內褲。她瞄到了他注視自己的目光，突然間發現自己的臉貼著的是一條內褲，她好害羞……那天晚上，這個男人將此事告訴了自己的老婆：「樓上有一個女人，專門喜歡聞她老公的內褲。今天下午，她正在聞的時候，被我看到了。」

人們觀察到的，往往只是全部資訊中的一個片斷。但很多人會認為，這個片斷就是事實的全部。他們因此得出結論，並自認為自己的結論是對的。有很多人一遭到誤解，就想努力解釋清楚實際狀況，只會產生兩個結果，一是變成祥林嫂式的抱怨狂，二是引發衝突，輕則發生爭吵，重則發生流血事件。我們浪費了那麼多力氣去解釋，不過是一顆脆弱的心渴望得到信任罷了。

人的思維能力、人生閱歷、感官功能都有各自的局限。面對這種局限，成熟的人有兩種做法：一是不盲目地下結論、不迅速地下結論，始終保持一種「我需要獲取更多知識」的謙卑態度；二是說話做事留有餘地，即使有一〇〇％的把握，也只表達出九〇％，給自己留下一〇％的餘地。

被誤會幾乎是生活的常態，但如果一定會遭遇被誤解和被傷害，你只需要懂得，每個人都需要自己的情緒出口——而這些幾乎造成了絕大部分的關係被傷害。每個人都有自己無法言說的悲傷，假如你眼光夠高遠，你就會放下或超越這些純粹的情緒困擾，做更重要的事。像一位智者說的：**「現狀無法馬上改變，你也無**

法馬上改變別人對你的認知，普通人只能在本能的情緒裡掙扎，無法釋懷；而智慧的人懂得本能，雖然也會悲傷，但會超越悲傷。」

盡一切可能不要讓自己留下傷心和遺憾。你只需要記住，**被誤解和不被理解是生活的常態**。我相信，有時候，經歷些山河歲月，會更好。

別把太多時間浪費在求別人相信自己的人品上，真善惡自知，不能證明真偽的不必全知，是非對錯，任由他人評說。他強由他強，清風拂山岡，他橫由他橫，明月照大江。

05 撕掉你身上的「好欺負」標籤

你主動隨便對一個人好，知道的說你人好，不知道的說你好欺負。對別人最好的那個人，往往是最好欺負的人。天地間的男人女人，往往總是欺負對他最好的那個人。

當我們為自己貼上一個認知標籤時，我們的某部分就會變成標籤中的樣子。

在我們的環境裡，往往是事件改變人，而人卻改變不了事件，皆因所有人都是處在各種事件之中，形成馬克思所言的「一個人是其自身社會關係的總和」，這也包括我們的觀念和認知。我們對某種情境的定義，也是我們面對的一種社會事件及其相關關係的總和。如果我們有一個錯誤的定義或感知，對社會環境有理解偏差，接著我們就會以這種不正確的理解，使我們的詮釋和行為偏差。

其實，我們是自己觀念的產物。心中有佛，所見皆佛。境由心轉，相由心生，心中有佛，念是佛念，見是佛見，行是佛行，見與不見無非自性。期望確認效果起作用時，我們會將感知世界裡的某種期望，透過行為表達，或在我們的心中表達出來，從而使世界符合自己的期望。

這在心理學稱作「行為確認」（behavioral confirmation），這種確認會使我們從他人身上誘導出他們對我們的標籤認知，從而使他們確認我們的標籤後，就能創造出一個共同現實。也就是如果我用某種行為對待某人，便會表現出我內心裡期望而得到標籤，於是他們便會得出一些簡單粗略的結論：大家會說，沒錯，他就是那樣的人。

通常，**如果我們用善良或以善良的名義包裝自己很軟弱、很好欺負時，差不**

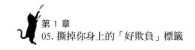

多大家都會欺負你。

網上曾經流行過一句話，大意是：「每一個你不想要的現在，都是過去懶惰的自己所導致的。」主管屢次拿我的「終身大事」進行說教，在他看來，我這個「優質女」之所以被剩下，純粹是因為我玩世不恭，逃避婚姻牢籠，故意不嫁。如果我願意，很快就嫁出去了。由於他過於關注我的「終身大事」，以至於我有時候懷疑他是不是想要我嫁給他。但是當他再次對我進行洗腦時，很快就被我的邏輯思維打敗了。一次吃完飯，他我封為「老姑婆」後，就再也沒煩過我了。

雖然我在辯論上占絕對的優勢，但事後也會非常悲傷。我並非他所說是排斥婚姻的人；相反地，這麼多年來，我一直渴望「真愛」，希望尋著一個才氣縱橫、文采煥發、思想亙絕古今的人來愛我，但這個願望一直沒能實現，我只好退而求其次，自己賺錢養活自己。這真是讓我不甘心，為什麼我要靠自己活下去，像我這麼「聰明可愛」的「才女」，不比北京西單或三里屯的女人可愛多了嗎？沒辦法，那些成功人士似乎要的是顏值高、身材好的，我只好認命了。

每當現實挫折來臨，只能獨自承擔時，我便會怨恨生活不公，竟然連一樁婚姻也不肯成全我。像我這種正值美好年華，品德端正且不圖物質的好女人，竟然嫁不出去，難道是造化弄人？

不過，我發現，我以為的並不是事實真相，每一個我所想要或不想要的現在，不過是過往的選擇所導致的。換句話說，我之所以變成現在這個樣子，不過是過去的自己讓我變成這個樣子的。

以結婚為例，雖然我很羨慕那些長相不一定比我好，卻擁有美好婚姻的女人，但我清楚記得，曾經的自己一度不屑於那些美好的婚姻。我曾下定決心，絕不嫁給當地人，後來下定決心絕不找一個要我生孩子的人，再後來又下定決心絕不找一個××的人……

事實上，並不是我沒有遇上優秀的對象，只是因為我給自己設定了太多框架。

比如幾年前，在上海有兩套房且自己開廣告公司的男生，非常殷切地要娶我，我卻因為「沒有感覺」、「不想生孩子」、「他媽媽皮膚黑」等莫名其妙的原因半夜逃離。

有過兩次不成熟的戀愛經歷後，我才遇上了對我來說第一任男朋友。那些曾經能給我相對踏實生活的男生，我總是看不上，一旦看上了，開始違心交往，最後會不堪忍受而逃跑。其實，現在看來，對方並沒有什麼讓我無法忍受的缺點……那些無法在一起的原因，大概只有自己知道。

現在，我手機通訊錄裡只有五個連絡人。是的，我渴望與世隔絕，也選擇了與世隔絕，所以，我才成了一個剩女。

事實是，我先把自己定義為一個嫁不出去的剩女，才真的嫁不出去的。

我母親習慣把自己定義為一個受人欺負的人，結果她的一生真的如此了。由於是遺腹女，從小沒父親，所以她沒得到很多的家庭溫暖。外婆是個脾氣溫和的人，在管教我母親上基本無能為力，只能靠我舅公去管教。舅公雖然勤勞，但在教養方面，基本上只剩打罵。所以我母親就被教育成一個重男輕女的人，認為女人就該挨打才能教得好。

從小被教育不准亂說話的她最大的「本事」，就是一開口就會得罪人。以至於家裡的小外甥一見她便說：「外婆你別說話……」從小到大，身邊的人不是和她吵過架、打過架，就是正在吵架和正在打架。母親被父親打是常態，印證了她一輩子都被欺負的自我評價。

前一陣子她來我家住時，也天天和我吵架。原因很簡單，一個人如果習慣了對事物的認知和看法，就會習慣性地認為事物就是那樣子的，而懶得思考真相，察看現實。

想著她來深圳不易，又沒有吃過什麼新鮮稀奇的食物，所以我便買了波士頓大龍蝦取悅她。見我提著大盒子，她問我買的是什麼，我說：「龍蝦。」她說她在廣州的某個鄰居養了好幾畝池塘的龍蝦，長得非常大，起碼有三寸長，比她見過最大的蝦還大。我對她說，她說的是小龍蝦，不要把小龍蝦和龍蝦混為一談。她裝作沒聽到，只說她真的見過那種鉗子很大的龍蝦，很貴，一斤要價人民幣幾十元。我氣得把盒子扔在地上，對她說：「你見沒見過，自己打開盒子看看就知道了！」

所以，一旦將事物貼上某個標籤，先入為主的概念會使你失去最起碼的探索精神和追求真相的能力。人也如此，一旦給自己貼上了某個標籤，很多時候，你就活成了那個標籤。

標籤是一種封閉式思維，如果你為自己貼了「善良」、「好欺負」這類容易被人強勢對待的標籤，越快撕掉越好。美國心理學家艾倫·南格（Ellen Langer）認為，當我們注意到某人的行為與我們的期望不同，而又沒有努力去瞭解和理解背後的故事時，就容易對別人做出極端的評價，這也是歧視的根源——未能看到他人完整的一面。封閉式思維的典型特徵就是標籤化，常常會把別人的差異看作不可饒恕的愚昧和錯誤，並因此常常憤憤不平，甚至覺得他人不可理喻，既造成人際矛盾，也為自己增添無端的痛苦——太多的標籤會讓我們執著地認為生活應該只有一種可能——我們認為的那種「可能」。

06 你不必總做「濫好人」，當「乖寶寶」

你太善良、太心軟別人就會欺負你；雖然你可以不欺負人，但別讓別人欺負你。

如果你對所有事都來者不拒，那會怎麼樣？拒絕別人，又會怎麼樣呢？對於很多人來說，說「不」從來不是一件容易的事，起碼對我是這樣。從小受到的家庭教育給了我這樣的錯覺，好像說「不」本身，對別人就是一種傷害。所以，我從來都對如何恰當地說「不」非常感興趣，也很佩服那些始終忠於自己的內心且勇敢說「不」的人。

相信在這個「好人」文化深植人心的社會中，很多人都感同身受。雖然我們並不知道所謂「好人」的確切定義，但我們有種感覺就是，似乎好人對別人的要求和期望從不說「不」，因為我們習慣了取悅別人，拒絕就意味著傷害。

一份研究指出，愛取悅他人的人容易向潛在的社交壓力屈服。如果取悅者的朋友正吃甜品（比如說糖果），那麼取悅者常常會選擇吃跟他的朋友數目相同的糖果，這樣他的朋友就不會對自己的行為感到尷尬。換句話說，在某種情況下，我們認為朋友的舒適感比自己的更重要。

而事實是，在生活中，拒絕來自朋友的邀請，或拒絕不是由自己負責的專案，完全合情合理。雖然拒絕他人的邀請或要求會讓你覺得不好意思，但從長遠來說，你是在幫自己，因為這樣能讓你避免徒勞無功。

我們之所以不敢說「不」，是因為感覺說「不」是可恥的，很多人從小就沒法忍受別人對自己失望，潛意識裡希望周圍所有人都喜歡自己。在公司裡努力做事讓主管滿意，讓同事開心；回家後不辭辛苦做好所有的家事讓家人滿意，讓伴侶安心；在電話裡，從來不會回絕父母或親戚交代的事情。但有沒有那麼一刻，真的覺得很累，甚至感到深深的委屈和生氣，為什麼做個好人就這麼難？

一個女孩說：「以前我認為拒絕別人很自私，所以別人說什麼都馬上說好。尤其是剛進入公司時，同事說什麼就做什麼，幫他們買飯，叫外送，取快遞……後來，他們把所有的雜事都推給我，甚至因此耽誤了自己的正事而被主管罵……其實我很想拒絕，但又怕被同事孤立，所以只好自己默默承受。過去半年，經常半夜委屈得在被窩裡哭。直到後來公司又進了新人，我真的拒絕了同事讓我在工作時間跑腿，但也沒人說我不好。就是從那一刻起，我突然發現以前的憋屈其實根本不怪別人，一切都是因為自己的恐懼和擔心。從此以後，說「不」的時候，特別理直氣壯。」

前一陣，有新人抱怨我什麼都留一手，不肯教他們。我感慨地想到自己曾經做為「伸手黨」*而吃的苦。因為總是期待別人教我或告訴我點什麼，所以我一直沒去思考自己要主動學點什麼。因為總是期待別人給我機會，總是希望別人幫助我，所以自己總是懶得付出。比如我曾對很多語句的規範用法很不熟悉，所以每天要問主管無數個問題：這個詞中的某個字是這個字嗎？這個句子中的連接詞可以這樣用嗎？海綿真是的一種動物嗎？「左肝右肺」這個詞對不對啊？怎麼刪除文檔裡的重複段落？你幫我改這個段落，你幫我看這個稿子……搞得主管幾乎崩潰，後來他乾脆丟給我三個字：「自己查」。

後來，我也成了公司的「老鳥」，同樣地，有很多新人來問我事情。一開始，我都滿足他們的要求，耐心地為他們解答。慢慢地，他們習慣了當我是免費的祕書，問那些公司流程文件裡就有的問題。問了無數次後，我終於像我從前的主管

*泛指只會一味向他人索取資源而不願意自己動手的人。

一樣崩潰了，乾脆回他們三個字：「自己查」。

因為你告訴他們的時候，他們總說：「其實你說的這些大道理，我都懂。」「其實你發給我的資料，我都查得到，我就是覺得直接問你比較快……」「其實你說的標準我也明白，我就是覺得直接問你不用想那麼多……」他們用最羞辱人的方式告訴你：他們只是不願想，要是願意想的話，你多年以來的經驗和學習，他們全都懂，或者只需要去想一想，就全都會了。天哪，我這時才知道，當時自己對主管有多麼不敬。「伸手黨」最可惡的地方，就是理直氣壯地索取，還看不起你的付出！

在東方社會中，對彼此深刻的依賴，對人情的過度看重似乎已經深入我們的基因。對於主觀幸福感的心理學研究指出，西方人把個人感受做為幸福的標準，而東方人往往把別人怎麼看自己放在自己的感受之上。**能夠考慮別人的感受固然是難得的美德，但如果一味地在意和順從別人對自己的評判和期望，那就可能是**

人格上的依賴。

我們害怕說「不」，往往因為對別人的肯定和贊許過於依賴。換句話說，我們缺乏自我肯定和欣賞的能力。當我們向內求不得，就會不顧一切地向外索取，透過不斷地對別人說「是」，維持一種成癮性的受虐關係。做為報償，我們換得了別人給予暫時的價值感和安全感。從另外一個角度來看，當我們對別人說「是」，我們就不用再為自己的行為負責，因為所有的決定都是別人做出的。因此，我們也就免除了失敗時面對的自責、自卑。而我們害怕說「不」去傷害別人，也不過是我們自己脆弱和依附投射。我們所害怕別人遭受到的傷害，其實往往是我們自己的死穴。所以，這麼看來，依賴多半是因為自我不夠強大。

健康的人格和人際關係取決於依賴和獨立的平衡，而獨立產生於對自我的理解、接納、尊重和欣賞。這正如我們開始蹣跚學走路一樣，邁出獨立行走的第一步需要勇氣，不過這勇氣也可以誕生於痛苦。

前文提到的那位朋友最終被逼無奈，真的是到了「存亡」的地步，終於開始學著「自私」一點，開始嘗試對自己說「是」，對別人說「不」。讓她沒想到的是，這感覺好極了。她今生第一次發現原來尊重自己的感受根本不需要什麼理由，忙不過來也可以拒絕同事的要求，太累了回家也可以不做家務，做不到的事情無論誰說也可以不承諾……除了感到輕鬆，最讓她意外的是，不僅同事、朋友和家人沒有遠離她，反而開始學會徵求她的意見，她發現自己不但沒有被邊緣化，反而得到了更多的尊重和重視。

其實，很多時候別人之所以會傷害到我們而毫無察覺，正是我們不知道如何說「不」，因為說「不」本身是在幫助別人瞭解我們的人際界線，當我們對他人而言不存在界線的時候，粗魯的「入侵」會隨時發生。所以，當我們謙卑地放棄說「不」的權力，反而去怪罪別人「得寸進尺」、「不顧及他人感受」、「自私自利」的時候，我們是否應該反省一下，是不是因為自己才導致了別人的這些行為習慣呢？所以，別把你的愛人、朋友、同事或上級寵壞了，**學會說「不」**，這**是自尊自愛的開始**。**很多時候我們對別人說「是」的時候，就是在對自己說「不」**！

說「不」的方式雖然很重要，但說「不」的勇氣更重要。我個人的經驗是，學會說「不」沒有捷徑可走，只有不斷實踐和嘗試。不得不說，獲得說「不」的勇氣，更多的是被「逼」出來的，讓步太多，痛苦太深重，把自己逼到角落裡，這個時候已經是「存亡」的問題了，所以沒有選擇。即使兩腿發軟，依然還是不得不邁出這一步。這也是為什麼很多一向表現為「好好先生」的人，會突然爆發，讓人跌破眼鏡。身邊所有人才突然明白，「原來你一直都是違心的啊！」

當你開始說「不」，你會增加自信，並掌握自我的生活，你會發現這其實也沒有什麼大不了的，這就會進一步增加你說「不」的勇氣。我的經驗是，你會開始發現，你沒有自己一直所認為的那麼依賴他人，依賴他人的評價，你有權力設定自己生活的優先順序，這個權力不需要向他人爭取，更沒有必要去證明其合理性，因為這是天賦人權的一部分！

說「不」不是為拒絕幫助別人找藉口，更不是為了逃避責任。相反地，我認為，在恰當的時候對自己誠實，對他人誠實，正是尊重自己和他人的表現。當你對什麼事都說「是」的時候，你就把自己放到了救世主的位置上，這個位置並不屬於我們人類，你並非無所不能——這個事實，你不說別人也很清楚。所以，承認自己有所為有所不為，反而說明你有自知之明，對自己的行為負責。

接下來是如何學會說「不」的經驗之談，相信對你有所幫助。

二十種方法幫你說「不」！

1. 我現在手頭正在忙好幾件事情

・讓別人知道你還背負著其他的責任

・如果沒有多餘時間你也不需要另找藉口

・沒有人會因為你已經有事在身而責怪你

2. 做這些事情讓我很不舒服

・你做這些事情的時候可能就是感覺很不「爽」

・可能是因為共事的人或環境

・直接說明你不喜歡做的事情，是擺脫「麻煩事」的好辦法

3. 我現在不準備再接新的任務了

- 你並沒有說你以後不再出手幫忙
- 只是你覺得自己的行程已經排得很滿了
- 瞭解你自己的極限也是一種能力

4. 我並不是最合適這個工作的人選

- 如果你覺得自己沒有適合的技能，這也沒有什麼大不了的
- 最好直接承認自己的能力不足
- 避免因接超過自己能力範圍的工作，而最後崩潰的最好辦法

5. 我並不享受那樣的工作

- 生命不應該是個「苦差事」，既然你不享受，那又為什麼要做呢？

· 不要害怕讓別人知道你就是不想做
· 你不享受的工作也許別人做起來很享受

6. 我的行程已經排滿了

· 誠實地表達你的行程已經排滿了
· 排滿本身並不意味著真的沒有任何空檔
· 你的行事曆應該是根據你的承受能力而定的

7. 我不喜歡同時做好幾件事情

· 讓別人知道你是為了對方好
· 但是注意力分散是無法做到的
· 讓對方明白，如果你一次專注一件事情會更有效率

8. 我已經答應了另一件事情

・不論這件事情是什麼

・這件事情也可能只是你與朋友、家人在一起或獨處的時間

・你不需要證明自己選擇的正當性和合理性——你就是沒有時間

9. 我在那方面沒有任何經驗

・幫忙並不一定要再重新學新技能

・暗示對方去找有經驗的人

・告知對方你可以在你有經驗的方面提供協助

10. 我知道你自己能做得很好

・人們在懷疑自己能力的時候，經常向別人尋求幫助

- 讓他們知道你對他們有信心
- 其實從長遠的角度來說，你在做一件對他們有益的事情

11. 我需要更照顧好自己的個人生活

- 不要因為覺得想和家人在一起而覺得羞愧
- 擁有穩定的家庭本身就是非常重要的事情
- 能把自己需要擺第一，對自己負責是對別人負責的開始

12. 我現在必須專注在我的事業上

- 你需要經常將注意力放在與工作有關的事情上
- 有時候你需要放棄一些活動或責任
- 如果你不做，其他人會代替你

13.

我需要一些自由時間

- 有時候「自私」並不是壞事
- 像對待正事一樣來對待你的私人時間
- 在行事曆上排出你的個人時間，並用你的生命來捍衛它

14.

我寧可不做也不願意草率

- 知道你無法有品質地完成工作
- 原因並不重要——如時間不足、能力不足等
- 這原因足以讓你拒絕對方的要求

15.

我願意幫助另一個任務（做另一件事）

- 說「不」並不等於你一點忙都幫不上

- 如果有人讓你幫忙做一件你看不上的事，你可以拒絕
- 然後給出一些你願意做的事

16. 介紹一些能做這件事情的人

- 如果你確實幫不上忙，可以提供其他可靠的資源
- 轉介人脈本身也是有價值的服務
- 一定要確認你所轉介的人是你所認可的

17. 直接說「不」

- 有時候直接說「不」也沒有什麼大不了
- 但說的時候要表達足夠的敬意和禮貌
- 對事情說不，不等於對友誼說不

18.
現在不行，但我可以晚點做

- 如果你真的想幫忙但沒時間，不妨直說
- 晚一點給予幫助
- 如果他們不能等你，他們會再找別人

19.
突然發生一些事情需要處理

- 意外發生，打亂了你的行程
- 接受你可能需要做出一些調整的事實
- 這只是暫時的，情況穩定後你會有更多的時間

20.
這真的不是我擅長做的事

- 承認自己能力有限沒什麼大不了的

・瞭解自己什麼能處理，什麼應付不了也是種能力

・你的時間會被有效地應用在那些你更擅長的事情上

還有什麼恰當說「不」的經驗或好點子，歡迎分享！

第 2 章

那些總是要我們體諒的人，請你走開

你體諒別人，誰來體諒你；
你幫助別人，誰肯幫助你。
別太掏心掏肺，為自己留一份；
別總傾其所有，為自己活一回！
別太體諒人，照顧好自己的情緒；
別總受委屈，一定要為自己考慮。

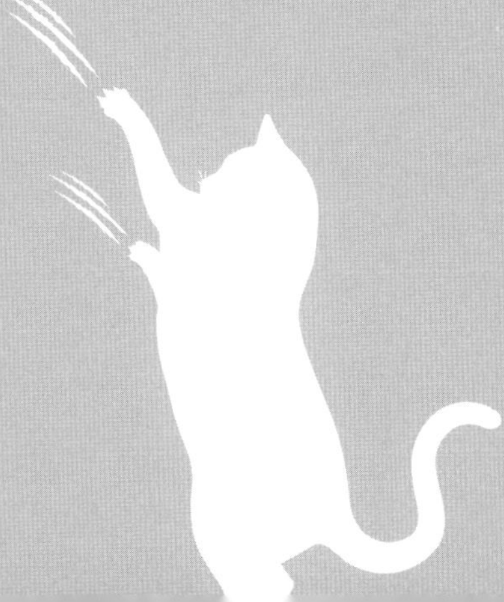

07 別理那些「內在的好人，外在的惡棍」

別不好意思拒絕別人，反正那些好意思為難你的人都不是什麼好人。

物以類聚，人以群分，你的精神追求和行為結果決定了你所處的階層。很多人並不想做能為社會創造巨大價值的社會菁英；也不想做莊子、顏回那樣安貧樂道，享受精神世界無紛擾的淡泊名利者，而是想做擁有至高無上的權力，能決定別人命運的人，以彰顯自我存在感。

想要彰顯自我存在感並不可怕，可怕的是，要想成為這類人並不容易。這對膽小怕事，因為害怕失敗而一直過得很失敗的人來說更不是件容易的事。

在這個世界上，幾乎沒有人能夠什麼都不做就能掌控一切，事實經常是：你必須十分努力，才有可能多一點點選擇的可能！

我們常說，只有偏執狂才能成功。在這個世界上，真正的偏執狂並不多，大多數人都選擇了所謂「中庸」的處世之道，最後成為平庸之人。既然只是平庸的大多數，就難免會有平庸之人的毛病，比如性格中的「反復無常」、「優柔寡斷」和「言而無信」等缺點。

大多數人都有自己的理想，但往往是自己的本事配不上自己的野心，最後成為「高不成低不就」的平庸之人，而**這類人常常覺得自己很脆弱、很善良，卻不知道自己其實是「內在的好人，外在的混蛋」。所謂「內在的好人」就是每件事都認為「我的出發點是好的」，所謂「外在的混蛋」就是凡事要別人理解自己，滿足自己的貪欲。**

「哈哈，我只是說話比較直，你別介意啊！」
「我只是脾氣急了點，你就原諒我吧！」
「我這個人就是這種性格，你別往心裡去啊！」

「好人」的思維很奇怪，說好聽點，這叫「先斬後奏」，先把自己的缺點說出來，希望別人理解，希望別人滿足自己的意願；說難聽點，這叫「多重標準」。看別人時，用「結果思維」，只要別人有做得對自己不好的地方，就怪罪別人。看自己的對錯時，用「出發點思維」，只要「自己的出發點是為別人好就行」，就「希望被理解」，因為「出發點是好的」，所以「只是有點脾氣不好」或「只是刀子嘴豆腐心」就希望得到別人的包容。其實他們根本不知道，沒有人有義務包容你的「有點脾氣不好」或「刀子嘴豆腐心」。

當你還不夠強大時，你對這個世界的依賴比其他人還要多，你就更需要旁人的愛與付出，此時，最好不要打著「有點脾氣不好」或「刀子嘴豆腐心」的幌子去傷害別人，同時還要求得到精神和物質上的雙重滿足。

這裡有一個殘忍的「真相」：

1. 很多人其實是「內在的好人，外在的惡棍」！你以為你很善良，其實在別人眼裡，你是個不講理的人。
2. 很多人看別人時用「結果思維」，看自己時用「出發點思維」，於是……

很多時候，他們在處理事情時喜歡隨心所欲，哪種情況對自己有利就做哪種選擇。但由於智慧未開，習慣的被動使得他們下定義時總是那麼倉促，不願意多觀察一點，多思考一點，結果總是選擇錯誤，眼睜睜地看著優秀的人名利雙收，然後感慨：「我這麼委曲求全，什麼都沒得到，還招了小人。」

我在看美國影集《聖經故事》（*The Bible*）時，看到了彼得三次不認主的故事。知道自己即將被釘上十字架的耶穌，讓門徒們四處奔逃，保住性命繼續傳道時，彼得立即表示誓死追隨耶穌。耶穌看了他一眼，憂傷地笑說：「你現在雖然信誓旦旦，但你會有三次都不承認自己認識我的時候。」彼得在「堅決」表示對自己的忠誠和勇敢有信心時，眼神慌亂。結果，耶穌被捕時，因為害怕承認認識耶穌而惹禍上身，彼得否認自己認識耶穌。當然，我也不是說彼得就是個壞蛋，儘管彼得有過三次不認主的事，仍然不能否認他是一個偉大的聖徒。

很多「好人」並非真的好，而是沒有本事壞。我的鄰居是公務員，在邊緣單位服務時，總能聽見他咒罵貪官的腐敗行為，並且信誓旦旦地說「要是自己當大官，一定會兩袖清風，不拿人民一針一線」。那個時候，他位卑言輕，無人攀附，確實也做到了「不拿人民一針一線」。後來他突然走運，手中握有權力，人就變了，開始從群眾手裡拿「金磚銀磚」，後來，他就「落馬」了——可見在「甜頭」面前，如果沒有足夠的定力，人性的弱點總會暴露出來。對別人的詛咒，本質是對自己「境遇差、能力低」的憤怒——因為好處沒有輪上自己。而置身事外、袖手旁觀的淡然態度，一旦身臨其境後，便會迅速地「零落成泥碾作塵」。

「好人」在看別人時，只會用結果甚至是自己看到的表象來審判別人。不管是誤解，還是真實的傷害，只要能立即讓人產生「苦樂痛癢」等感受，他們馬上就會給你這個人和行為貼上各種標籤——只要你對他們好，他們就認為你人好；可是，當你一旦對他們不好或者只是稍微「有點脾氣不好」或「刀子嘴豆腐心」，他們就受不了了，馬上覺得你人很壞。至於你是不是果真如他們想像的那樣，他們並不關心。換句話說，他們感覺正確的才是正確的。如果他以「愛」的名義來傷害你，你也應該理解他。而你，卻不可以因為任何原因傷害他們。

你不明白，那些「理解」你的人，之所以理解你，只不過因為他們沒有受過你的傷害，沒有吃到你給的「苦頭」。一旦受到了，他們就會對你給的傷害進行報復。

所以，做真正的好人難就難在，你得跳出個人感受，不僅要做一個「外在的好人」，還要做一個「內在的好人」，別打著內心很善良的名義做損害他人的事。「內在的好人，外在的混蛋」，這種生活模式，恰是很多人之所以把生活過得苦不堪言的原因。他們倒不是真的有多混蛋，而是不明白除非是身體上的巨大創傷，任何精神上沒完沒了的自我糾纏和摧毀是沒有任何用處的。

其實，我們應該接受這樣的現實：

1. 對別人來說，你的感受根本不重要。

2. 每個人都有自己獨一無二的人生，某種意義上，沒有人能對你的人生完全感同身受。

所以，你難受了，是你的事。生活不會因為你不能跳出被難受控制的感覺，就不再施加給你其他的難受。孩子不好帶讓你難受了，但還得帶下去；工作讓你難受不想幹了，但還得幹下去。孩子的成長、工作的成績，便是我們所有難受最偉大的報償。

其實難受挺好的，上帝不想你無聊，才發明了折磨、痛苦和幸福快樂，讓你的每一個當下，都有存在的感覺。所以，跟家人吵架很正常；和主管相處不爽很正常；和同事不合也很正常；被客戶或合作夥伴無理取鬧同樣很正常，你只需要在難受裡，把該做的事堅持做下去，便不失一種情懷和境界。

08 千萬別為我犧牲，受不起道德綁架

人可以分為好人和壞人。好人睡得好一些，而壞人似乎能更好地享受醒著的時間。

——伍迪・艾倫（Woody Allen），美國電影導演

那天下班後，我坐地鐵要回家，忙了一天，午飯都沒吃上，焦頭爛額地總算在下班前完成了任務。由於實在有點睏，上了地鐵後正巧有個空位，就直接坐那兒開始打盹。睡得正香，突然有人碰了我一下，一個五十幾歲的阿姨說：「沒看見邊上有老人嗎？」語氣極度冷漠，跟下達命令似的，然後指了指旁邊一位約有

七十多歲的年長者。

我當時睏得不行，想伸下腰再起來，阿姨又拍我肩：「年紀輕輕的怎麼一上車就睡覺，不照顧一下老弱婦孺。」我只好站起來，隨口說一句：「不好意思，今天有點太睏，沒注意到。」阿姨瞪了我一眼，說：「年輕人不要太張揚，讓你給老人讓個座，你一點素養都沒有？誰沒有老的時候，等你像這把年紀，你就知道了。」我說：「我們體諒您，可您也要體諒一下我們吧，我們工作累了一整天，難道就不能在地鐵上找個座位坐一會兒嗎？」

人與人之間的相互依賴，建立在平等交換的基礎上。我有梨，但想吃你手上的蘋果，就需要和你商量，一個梨或多少個梨才能換你手上的一個蘋果，意見一致後才相互奉獻。但是，在一個沒有平等觀念的社會裡，就變成了：我想用梨換蘋果，就把梨給你，不和你協商，不管你願意不願意，你都要接受，並且把蘋果回報給我。

沒有平等觀念的民族不會有契約精神，一個沒有契約精神的民族，其成員也不會有什麼獨立精神。所以在那樣的國度裡，就更難去談公平。比如女人自以為自己做了家務，照顧了孩子，覺得自己付出了辛勞，就應該得到足夠的愛，得到男人一輩子的錢花。比如男人總以為自己是一家之主，心裡有什麼想法都不願意與身邊的愛人說，覺得女人總是無理取鬧，很難去和他達成足夠的共識，直到有一天，兩個人越走越遠……

所以，**如果你要談善良，就一定要談公平**。如果你只要求對方善良，而自己卻做不到，甚至還要埋怨對方忘恩負義，那請你切莫去談善良。自己躺在幻想裡不考慮別人的辛苦和委屈，就不要怪別人有天對你愛理不理。

如果你是一個善良的人，對於那些不理解你的人，也請離開他們。如果他們要你善良，那你就假裝自己是個惡人，你不必善良地孤軍奮戰。

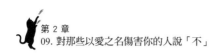

09 對那些以愛之名傷害你的人說「不」

這世上並不是所有的愛都是愛，有一些愛是帶著善良面具的傷害。也並不是所有做了好事的人，都是好人，有些人雖然做了好事，卻仍然傷害了別人。

我母親的一生都奉獻給了廚房和家務，也奉獻給了她自以為是的「付出」。愛與奉獻是她的舞台，一生的光榮與夢想是她的出發點與歸宿，也是她的人生戰場與領地。這是她所生活的那個年代的人，大多數「中國式媽媽」的生活與命運。她們活著好像就是為了吃飯和生兒育女。一個人一輩子似乎沒有想過別的生活方式，這麼一想，便為她們覺得不值。在為他人付出方面，她實在是過於善良，但這似乎也給我帶來了莫大的傷害。

我每次去廣州，她都會做很多飯菜，經常會有一半甚至一大半會因為吃不完而倒掉。她每天那麼辛苦地買菜回來洗好然後烹飪，好像就是為了最後把它們倒掉似的。她知道這樣做會令我們感到不快，會擔心我們指責她，便會在飯桌上不停地勸我們多吃菜。她的慣用招數是：先做一大桌的菜，趁我不注意時馬上舀起一大勺菜放進我的碗裡。倘若我吃不完剩下了，她便會數落半天。這種不由分說的強迫，常常會把我弄得頗為火大。再好的東西，如果不是別人需要的，也會成為夢魘和負擔。

偏偏這些以為自己在愛你的人，是完全不會顧慮你的真實需要的。無論你如何反覆地表達自我需求，他們就是聽不見。

我從小就對豬肉過敏，甚至不能聞到豬肉味。有一年過年，家裡掛著有人從江西送來的臘肉，在北京習慣吃素的我被熏得很不舒服，導致半個月來我吃不下家裡的飯。她明明知道我對豬肉過敏，還會在每次見我時，買很多豬肉……

我知道，「挑食」這件事對身體不好，但如果一個人因為對豬肉過敏而不吃豬肉，這應該不算是「挑食」吧？除了「挑食」，我對豬肉的「恐懼」還有另外一個原因。

記得少年時，老家過年有殺豬的習俗，不知是出於好奇還是其他原因，我也參與了一次「過年殺豬」的「儀式」。那天，天剛剛亮，我便背了一簍「玉米芯」去燒火，輪到殺我家的豬時，天已經大亮了，我正好目睹了那次殺豬的過程。我站在殺豬台前，只見四、五個大漢將豬按住，接著殺豬農夫拿著一柄長刀狠狠地捅進豬的脖子。只見赤紅的鮮血噴湧直下，至血快盡時，那隻豬最後蹬了幾下腿便不動了。我並不怕「血」，只是對豬脖子上血肉模糊的傷口感到觸目驚心。要不是因為反胃，我肯定會暈過去。

就是因為這兩件事，所以我對豬肉格外恐懼。

然而，我的母親似乎無法理解我的恐懼。每次回到家，即使我再三叮囑她不要買太多豬肉，只要幫我做一份素食，她還是要辛勤地做一大堆豬肉料理。我想，她可能永遠不願意聽見我的訴求。她的善良，只是想滿足她自己的需求罷了。

聽不見別人的表達，是自閉；不想尊重別人的意見，就是自私了……所以，有些善良，其實是帶著「自私」面具的善良。

我的母親，自認為很善良，心腸軟，對人也熱情厚道。是的，這一點有目共睹，她常常會主動去做一些助人為樂的事。村莊裡有戶老太太，兒孫很少回來看望她，照顧她，我媽做了好吃的，就常送過去給她。做這樣的事能讓她獲得欣慰感、滿足感。但是，從另一方面來說，她的控制欲也特別強，習慣對所有的事情指手畫腳。對於一個屋簷下的人，或者與她共事的人，只要對方和她意見不一致，哪怕有一件小事與她有分歧，她都會馬上翻臉，甚至到了與人「水火不容」的地步。

不論大小事，如果和人意見不一致，爭執起來，最後她占不了上風，她就會鬧個沒完。她那種經不起事的善良，我總覺得是偽善良。

我無法改變她，只好置之不理。

生活中，這樣待你的人還有很多，除了父母，還比如你的戀人。

有一次，我喝了男朋友送我的一瓶紅酒，不料喝醉，還受了傷。得知我受傷，到哈爾濱出差的他連夜坐飛機回來看我。聽見開門聲時，心想，終於有人來安慰我，來緩解我的疼痛了，不料，他剛進門就大喊：「家裡怎麼這麼亂……你今天沒有打掃嗎？」

「你有沒有點良心？你不知道我受傷嗎？難道你這麼遠回來就是為了指責我嗎？」我舉起受傷的手對他說：「你沒看到我都傷成這樣子了？你叫我如何做家事？」

我實在不明白他的關愛。既然能三更半夜從外地回來，就說明他有責任心和愛，但回來後，他卻不先問我的傷勢，而是指責我沒有做家事。他不顧我的感受，還繼續說：「但你也不知道收拾一下嗎？」

我被氣得想拿起手中的東西丟在桌子上：「我現在最需要的是找醫生幫我包紮傷口，你現在最該做的是帶我去醫院！」那個把我當「神」一樣崇拜的男人，似乎沒有聽到我在講什麼。雖然他的本意是好的，也是想回來帶我去看醫生的。但是，他卻從來沒有照顧過我當下最迫切的需求，只是一味地發洩自己的抱怨。不說也明白，和不顧別人感受的人在一起生活，有多難受和委屈。

無論是母親，還是男朋友，他們都是有善意的，只是他們不知道如何正常地表達自己的善意。恰恰因為如此，我無法容忍自己就這樣被他們「欺負」。我總是感覺，無論自己再怎麼努力，也不會得到一點實際上的正向回饋。那種感覺，就像是我已經掉到井裡了，他們還要落井下石，並且說那些石頭可以當台階。他們永遠不明白，我真正需要的其實是一根繩子。

我們要常常為別人著想？對不起，我擔心有一天，我的溫暖和柔軟被別人踩在腳底下，還讓別人覺得不自在。**如果有人不懂你的真實感受，還故意傷害你，那麼請不要過度善待那個人，也放自己一條生路。**

10 沒必要體諒所有人，反正有些人也不會體諒你

來自陌生人的安慰總是很煽情，但有時候，那些安慰在本質上是他們「事不關己」的冷漠態度，如同「我是真的為你好」。

很多人活在世上的意義似乎就是「為了證明自己」，似乎總是想對別人說：「我告訴你，我是正確的，你不相信我，是吧？好，那我證明給你看。」信任我的，我為你死；不信任我的，我讓你後悔。為「證明」而戰，一路走來，他們都在試圖證明自己來讓別人理解自己，相信自己。所有的「證明者」都很在乎別人怎麼看、怎麼說，活得無比辛苦。他們一邊感受到為了不妥協、退讓而拚

搏的苦，一邊仍給自己打氣，逼迫自己熬過所有磨難，為了爭那口氣，誓死也要打到底。

當你正在忙，有人突然跳出來罵你就是個騙子，只要不關自己的事，「理性人」會覺得這種人「沒素養」，一般懶得理睬。「理性人」只會在意極個別的、自己重視的，或比他更有影響力的人怎麼看他，根本不會在乎其他人怎麼看自己。

但「證明者」會停下來想：「他為什麼說我是個騙子？我哪裡欺騙他了？我哪裡招惹他了？他這樣說，旁邊的路人都在看我，人家還以為我真的是騙子呢。不行，我必須要證明給他看。他這人一定是『有病』，我要讓他承認他的問題，我要讓路人都明白我不是騙子，是他『有病』……」「證明者」習慣性地把別人口中的「你」同化成自己，而不是理解和接受各自的認知力。

「證明者」總是認為「自己才是正確的」，無法接受任何異議，所以總會在某些別人看來平常的事面前覺得詫異。比如，如果有人迷信「因果思維」，就會成天說一些奇怪的邏輯理念逼你接受，比如他們會說：「你爺爺殺了人，所以你會得皮膚病，你弟弟會殘疾……」「是不是因為你交了兩個男朋友，所以老是做噩夢，感情一直不順……」「是不是因為你小時候打死過一條蛇，所以得了怪病一直不好……」倘若你不信的話，他們會覺得你沒信仰而暴跳如雷。

還有人會拿一些類似〈某某開餐廳犯了殺生業，所以沒兩年就家破人亡〉這種標題的文章給你看，如果你不贊同他們的觀點，小則吵架，大則絕交。他們會自動避開自己不想知道的一切現實，卻一味地按自己的喜好斷章取義。他們不承認這世界的多樣性，不懂得每一個生命個體，都應該有各自的生命軌跡。正因為每個人有不同於他人的獨特經歷，才有絕不雷同的認知體系。

有些人凡事只從自己的認知出發，去推測、揣摩、評價甚至抨擊另一個人，卻完全忘了，對方也有一個獨特的生命體驗場，有一個與自己完全不同的認知體系。有時候，即便我們換位思考，也無法對他人的一切感同身受，我們唯一能做的是，守住自己的界限，不去侵犯他人的界限。

我們從小到大所受的教育，基本上培養的是我們的記憶和認知能力，除了死記硬背書本的知識外，就是被要求做什麼，或被告誡什麼不能做。一個人的獨立思考能力卻從來沒有被培養出來。所以，對網路上轉載的內容，很多人如果不是專業人士的話，是缺乏判斷能力的，只能憑感覺去接受自己能理解的內容。凡是他們感覺有用的，就會轉貼。

我們常說，「不打擾也是一種修養」，可是很多人不知道自己胡亂散布或傳播的資訊，對別人來說其實是一種騷擾。

中國知名作家王小波在《縫扣子》一文中寫道：

我有位阿姨，生了個傻女兒，比我大幾歲，不知從幾歲開始學會了縫扣子。她大概還學過些別的，但沒有學會。總而言之，這是她唯一的技能。我到她家去坐時，每隔三到五分鐘，這傻丫頭都要對我狂嚎一聲：「我會縫扣子！」我知道她的意思：她想讓我向她學縫扣子。但我就是不肯，理由有二：其一，我自己會縫扣子；其二，我怕她黏著我。她這樣愛我，讓人感動。但她身上的味也很難聞。

假如我那位傻大姐學會了一點西洋學術，比方說，幾何學，一定會跳起來大叫道：人所以異於禽獸者，幾稀！這東西就是幾何學！這話不是沒有道理，的確沒有哪種禽獸會幾何學。那時她肯定要逼我跟她學幾何，如果我不肯跟她學，她定要說我是禽獸之類，並且責之以大義。至於我是不是已經會了一些，她就不管了。我的意思當然不是說她能學會這東西，而是說她只要會了任何一點東西，都會當作超級智慧，相比之下那東西是什麼倒無所謂。

很多人自以為「只要會了任何一點東西，都會當作超級智慧」，比如知道「上善若水，厚德載物」、「修身齊家治國平天下」、「言語忍，忿自泯」等經典名句，就以為自己懂得了整個「人類文化經典」，而事實是，他們可能根本不知道這些句子的真實含義，也無法憑藉這些知識在現實世界裡準確地定位自己。

懂得道理，和將其內化為個人的思考，轉化為指導生活的理念，是兩回事。那些我們「只知其然，不知其所以然」的道理，不可能真正地用來指導我們的生活。正如很多人所說：懂得了很多道理，依然沒能過好這一生……

己所不欲，勿施於人。對於自己都不明白的道理，就不要再以「師者」的姿態向別人灌輸。我們應該要有一定的分寸，知道什麼是自己該做的，什麼是不該做的。

渴望用一點點道理拯救自己和別人人生的人，追求的不過是「一本萬利」，或「不勞而獲」罷了。

所以，**做好自己的事，守住自己的界限，不管別人的事，不去侵犯他人的界限，是讓自己快樂且維繫良好人際關係的法寶**。因為人類本來就是一個需要彼此深度合作的物種，每個人都需要依賴自己的同類，不可能完全不接觸，所以「求同」是必要的。與此同時，我們要明白，「存異」也是有必要的。所以，我們應該在一個彼此都感覺舒服的範圍裡，透過合約或協議的形式完成需求交換，而不是簡單粗暴地「越俎代庖」或強行約束。存異，是尊重個體界限，接受所有的不同，而不是陷在恩怨糾纏中。

那些願意體諒我們的人，我們公平報之，多加體諒；那些只想我們體諒的人，不好意思，我們沒必要丟下自己去體諒他。

11 當加害者變成受害者，他才會反省

人們往往對受害者比較苛刻，對加害者比較寬鬆，老說受害者應該怎麼做，才能避免被侵害，而從來不去想如何才能讓加害者停止傷害行為。事實是，受害者在不能忍受精神折磨時就會變成加害者。

《今日頭條》曾報導過一則新聞〈男子「家暴」成癮，意外癱瘓後被全家「拉黑」〉。大意是，全家人都深受其家暴之苦，嚴重時，他的兒子被打斷一根肋骨，他的妻子和女兒也常被他毆打。後來他癱瘓了，打不動了，才想起請求家人原諒自己，照顧自己，還聲稱自己沒有惡意，就是控制不住自己的脾氣才打的，而且

下手並不重，並懺悔以後會改掉這個壞毛病。

我不太清楚每個人的下手輕重標準，只記得老家有一些「家暴狂」，一個把兒子打死了；一個把兒子打瘋了；還有一個把兒子打跑了。他們都一致認為自己沒打過幾次，只是下手可能重了點兒。對於這些「欺善怕惡」的傢伙，我想，只有讓他們變成弱者，他們才有可能去反省吧。

有一部電影《奇異恩典》（*Amazing Grace*），我個人非常喜歡。因為這部電影表現了一種「不為一己之利，而為民族命運奮鬥終生」的偉大情懷。

主角出身於富裕之家，後來當上英國上議院的議員，和英國首相是好友。以他的身分和地位，完全可以過著盡享榮耀的無憂生活。但他終其一生，都在為解放黑奴而奮鬥。他一次又一次地提交議案，卻一次又一次地被駁回，最後，他因此重病不起，只好靠著服食鴉片對抗病痛。

他借舉辦「海上聚會」之名，把一群貴族騙上販奴船，要他們親眼看看，那些和他們一樣是人的奴隸，受著怎樣的虐待，過得有多可憐。後來，法國革命的影響傳到英國，海權法的實施給了他一個機會，他的議案終於獲得通過，使得貴族再也無法販賣奴隸……原本一病不起的他，因為這條法案的通過，整個人生都變得不一樣了。他不僅得到了健康，還生了兩個孩子……我非常佩服這部電影主角那種崇高的精神。

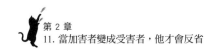

但當我瞭解到《奇異恩典》原著作者的經歷後，我對這部電影的愛減弱了許多。原來，作者自己曾經是個販奴商人，只是因為有一次在非洲被捕，淪為奴隸，經歷了長達數年的奴隸之苦，所以才站在黑奴的立場上，為他們申訴。

有一個「歹徒」殺害十三條人命，卻說「我本善良」，這個凶犯是成瑞龍。一九九五年，他搶劫經營海鮮店的老闆；一九九七年，他劫殺房地產老闆並勒索人民幣一千萬元；一九八八年，他夥同幫凶槍殺四名員警（其中還有一名是刑警副大隊長）和一名男子；一九九九年，他槍擊巡邏員……直到二〇〇五年被捕，他一共殺害了十三個人。

從他身上，我們看到了一種「證明者的偏執」——只遵照自己認可的原則，做自己認為正確的事情。也許，這種偏執從童年開始就已經主導了他的人生，令他一錯再錯，永不回頭。這類人一生都在證明自己值得被信任和重用，值得獲得相關榮耀與利益。

正面的力量源於信任，負面的力量源於不信任。若他遇見的是信任，則快樂，讓他想要感恩和回報；若遇見的是不信任，則痛苦，讓他想要報復和反擊。這種痛苦，讓他心生仇恨，最外在的表現是那些掛在嘴邊的口頭禪：

「我要讓那些小瞧我的人總有一天發現他們瞎了狗眼」

「我要讓那些欺負我的人付出代價」

「我要讓那些背叛我的人後悔一輩子……」

凡此種種，不勝枚舉。

相當多的「證明者」是出於怨氣、憤怒和仇恨，擁有了強大的復仇原動力。因為人性的規律是，痛苦永遠比快樂更加刻骨銘心。何況，情緒帶來的力量比目標帶來的力量更有力。

絕大多數反社會人格者和心理疾病患者都是因為家庭結構混亂、家庭關係不和諧而導致了心理扭曲的結果。那些生活在家庭破碎、家庭關係不和諧裡的人通常會自暴自棄，最後走上一條通往犯罪的道路。他們的心理格外扭曲，從走上罪惡道路的那刻起，他們就放棄了生命，而選擇了「死前痛快地活」。

由於沒有受到相對正常的教養，這類人從小得不到來自家庭的認可，所以他們非常看重信任——他們既相信別人，也希望別人相信自己。他們相信朋友的誓言，相信陌生人的眼睛，相信情感的力量，他們篤信將心比心的原則。當然，你也可以說他們「凡事不經過頭腦」，長不大，容易在一個坑裡反覆摔跤。但不管你怎麼評價，只要不對他們的路，他們就不會聽你的意見。就像「如果你愛過，我不必解釋；如果你沒愛過，你不會明白。如果你登過山，你會明白登山的意義；如果你沒有，別人再解釋也難以理解」。

成瑞龍的父親平時種菸葉，也做點小生意，家境雖不算很富裕，但因為他的精明能幹，一家人倒也過得還不錯。但成瑞龍小時候每逢在外跟人打架，不管打別人還是被打，他只會默不作聲地回家，即使臉上「掛彩」或是胳膊腿腳受傷，他也不吭一聲。每每此時，他得到的不是來自家庭的安慰，而是被罰跪，在木凳上挨打，直到他能「認錯」。在外面受欺負後回家還得不到關愛的孩子，最容易養成的心理就是自閉和隱忍不言。他命運的第一次轉折，是因為在學校跟校長的女兒早戀而被學校開除。無論做什麼，他似乎都不被認可，他得到的永遠都是「眾叛親離」，一直被排斥在世界之外。

後來，他想去從軍，很多項目上的測試成績都名列前茅，可到公布錄取結果時，他卻意外出局。而一同參加考試、測試成績不理想的人卻入選了。被同學欺負，被父親無理由責打，被學校開除，被擠掉從軍的資格，他當時感到自己「被澈底放棄了」，即使老師說他很調皮，經常惹事，但絕不是個壞孩子。而在同村人看來，雖然成瑞龍性情非常暴躁，但為人很講義氣。提及成瑞龍，鄉親們無不嘆氣，他們記得他被學校開除後去佛山打工，騎著三輪車收資源回收，賺了一些錢，少的時候一天能賺人民幣幾十元，多的時候一天能賺人民幣一百多元，還把他哥帶出去幫忙打理資源回收收購站。當時村民們都想，照這樣下去，有一天他會當上老闆的。但是，現實永遠沒有假設。

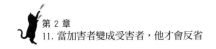

一切都只因他太急功近利地想證明自己。

一九九三年，二十歲的成瑞龍因盜竊被判勞動教養。從高牆出來重獲自由沒幾天，他又跑去找以前的玩伴瞎混，從此走上了萬劫不復的犯罪道路。在他的內心世界裡，他始終是孤獨的，除了同夥，沒有人能讓他放下戒備。他無疑是愛他的女朋友的，但他無法讓她走進他的世界。當員警問他是否有良知時，他的語氣顯得有些沉重，「我肯定還是有良知的，只是當陌生人的生命與我的生命互相衝突時，我肯定會選擇保護我自己的生命。這是無奈的選擇，已經沒有辦法了。我認為被搶劫的人極力反抗是最愚蠢的。」

庭審中，他還不時地用運動鞋有節奏地敲打著地面，蹺著二郎腿，顯得悠閒自得，回答問題時言語簡單、態度冷漠、語調平淡，絲毫看不出他有悔恨和反省之意，這是讓人們無法理解的。他甚至放言：「人只有一次生命，自己的生命最大，我為了能活著，必須殺人！」他不認為自己是「殺人狂魔」，只是一個比較自私的人。

而他的父親的言論則是另一番景象：「其實我沒有怎麼處罰他，只不過對他嚴厲了點。」我們情願相信，「嚴厲」能夠成就一個人；也不願相信，「嚴厲」

會把一個人培養成殺人犯。

還有一則新聞〈兒子被打死，父母才知道他在學校幾乎天天挨打〉報導，長春理工大學學生張云云，他的弟弟張超凡在山西運城市絳縣一家網咖被同學打死的故事。張云云說，一天晚上，她的弟弟張超凡和幾名同學在這家網咖上網、酗酒，在酗酒期間，這幾名同學強迫張超凡買飲料。因為張超凡沒錢滿足他們的要求，最終惹惱了對方。幾個人在網咖的一、二樓、吧台和門口對張超凡拳打腳踢，之後又拖拽到小花園用棍棒連續進毆打他長達四小時，最終致使張超凡慘死在網咖二樓。

案發第二天，當地警方通報，警察機關對六名犯罪嫌疑人採取了刑事拘留。這六名孩子都是絳縣華晉學校的在校或休學學生。

母親透過手機看到了學生們在 QQ 群裡的談話內容，有的同學發出了同情的嘆息：「這幾個人怎麼能下那麼狠的手」，有的同學「爆料」說：「張超凡幾乎天天被他們幾個人打，當時把張超凡嚇得都跑出學校了。」

在所統計的校園暴力事件中，九成以上的事件造成了人身傷害，因暴力行為致死的案件比率更是高達了一六．七%。無論男女，在人數上都表現為「多對一、多對多」，都跟性、身體的霸凌有關。暴力的類型從語言暴力到身體暴力，再到搶奪（盜竊）財物最常見，當然，還有一部分是純粹討厭對方而引發的暴力。

最關鍵的是，一旦你被別人用有目的性的言語或動作傷害過，就會一再發生，而且你也很難阻止，無法反抗。在韓國電影《優雅的謊言》中，對於在學校被同學霸凌一事，小女兒千智其實很早之前就發出過求救信號：她曾表達過不想去學校，也曾想找媽媽傾訴。但千智的母親卻不以為意。直到千智走後，她在巨大的痛苦中才想起女兒的求救訊號，然而為時已晚。

很多長期被欺負的孩子，在家裡也是容易被忽略甚至被打罵的對象。被同學欺負後，這些孩子回到家怕講了會再挨打罵；怕找了老師又被報復。似乎所有的人都有意或無意地看不見他們的求助。我們所聽聞的許多暴力案件背後，無一不透露出犯罪者的絕望，他們不是在絕望中反社會，在絕望中自殺，就是在絕望中被殺。

每一個加害者在變成受害者或被「繩之以法」後，才會反省自己曾經的行為，以及這些行為背後的心路歷程。如果我們能夠早一點洞察他們的心理扭曲過程，在他們走上犯罪道路之前，給予及時糾正，也許就會讓人間少一個「惡魔」。

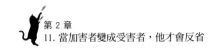

第 3 章

別讓自己的慈悲變成了自己的卑微

善良是優點，但不能成為你的弱點；
心軟是慈悲，但不能讓自己卑微。
你照顧了所有人的感受，
只會讓自己不好受！
活在當下，少一些依賴，
照顧好自己，相信前方的路上，
總會有不期而遇的溫暖。

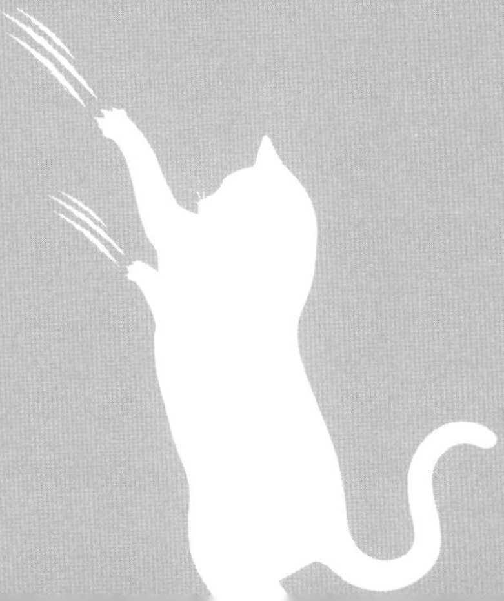

12 慈悲常遇負心人，施恩多養「白眼狼」

一切的錯誤都是源於自以為是，所以人人都是被害者，也是加害者，不斷循環。

感恩是教養的產物，擁有的人少之又少。而忘恩的人，卻大有人在，且忘恩的人必然會「負義」，這是一個惡性循環。所以，千萬不要用善良，去餵養不懂感恩的人，最後卻被人當成了傻子。

假如你做了一百件壞事，只要做一件好事，就有人覺得你有「人性的閃光點」；假如你做了一百件好事，只要有一件沒做好，有些人就覺得你不好了！對於這樣的人，你無止境、沒有理性的善意反而是在作惡。

大家一定都聽過類似的故事。一個饅頭店老闆看到很多清道夫和流浪漢都吃不到熱飯，就做了「愛心饅頭」，免費送給這些人吃。而當老闆有一天不再送「愛心饅頭」時，卻引來了這些人的非議。過分的是，有些人對店長說「我不要饅頭了，你退錢給我吧」；更加過分的是，停止免費送饅頭後，很多「善良純潔的底層民眾」大鬧這家饅頭店，汙蔑栽贓者有之；破口大罵者有之……為什麼這些受到店長幫助過的人在本該感謝對方的時候，不但沒有感恩，反而變得如此之惡呢？

這是經濟學上的「邊際效應」。比如，你快餓死了，有人給了你一個饅頭，你感激地恨不得為他「做牛做馬」；又有人送你一個饅頭，你感激地痛哭流涕；這個饅頭吃完之後，你飽了；然後，依然有人不斷送你饅頭……吃第一個饅頭時，你感到最幸福，此後幸福指數隨著飽腹感開始不斷下降。飽了之後，你只會想，我下次想吃肉，為什麼別人還是只給我饅頭？當你手裡得到幾十個饅頭時，你幾乎已經忘記了那些救你的人，你的心裡想法很可能是：這些人自以為是在做慈善，其實只會作秀，為什麼只知道送我饅頭，不知道我還需要衣服，需要錢，需要房子……

我相信第一次得到幫助時，大部分人都心存感激，但第二次、第三次、第一百次之後呢？不好意思，他會覺得理所當然，一旦你停止了對他的幫助，他反而會心生怨念。

記得我在生活最艱難的時候，得到了鄭州一個醫生和幾位作者的大力幫助。每當我需要錢時就找他們要，家裡要錢時也找他們要，那時我一個月薪資才人民幣兩千五百元，想想在北京能過什麼樣的日子呢？因為有他們的資助，我在花錢時越不知節制，一領到薪水馬上就會花光，生活全靠他們的救濟。但一年之後，大家陸續不再給我資助。憤怒之下，我在微信、QQ、手機簡訊上不斷罵他們是「見死不救」的壞人，然後還把他們封鎖了。

後來，我才瞭解到，當時那個醫生自己創業，開了一家醫療器材公司，資金陷入窘境，無法繼續資助我。而那些作者，有的是炒股賠了很多錢，有的是家裡突然發生了重大變故，有的是自身遇到了困難，也都「自身難保」。比如寫《永不磨滅的番號》、《雪亮軍刀》這兩本書的作者張磊，曾持續幫助我一年多，於二〇一二年時突然說沒法再幫助我了，問我能不能去看看他。因為生氣，我沒有去看他，反倒是他到我公司來找我吃過幾次飯。後來他得了胃間質瘤，癌症末期，癌細胞已向肝部轉移，一個月要花大量的醫藥費才能勉強保命。最後一次見他時，一百七十四公分的個子瘦到只剩四十五公斤。二〇一三年七月十八日，他告別了這個世界。

被評為「感動中國二〇〇五年度人物」的歌手叢飛，他短暫的一生參加了四百多場義演，累計捐款人民幣三百多萬，資助了一百八十三名貧困學生。為了供貧困兒童上學，他拚命演出，耽誤了治療，死於胃癌，享年三十七歲。在叢飛身患胃癌實在無法繼續資助時，那些由他資助了的學生是怎麼做的呢？

「騙子，義演賺了那麼多，胃病能花多少錢？」

「你不是說好要把我孩子供養到大學畢業嗎？現在才上國中你就不出錢了，你不是騙人嗎？」

「你什麼時候才能治好病，然後演出賺錢啊？」

不知道他最後的日子是怎麼度過的，那些他曾經拚命工作省吃儉用去幫助的人，在他臨死時刻，還態度冰冷而強硬地向他伸手要錢。因為再也拿不到錢，很多學生甚至拒絕承認被叢飛資助過。

索求者的憤怒源於對自己失敗境遇的自卑與恐慌，他們扭曲的內心會原諒自己，卻無法原諒那個曾帶給自己幫助的人。他們會為即將失去自己曾經一直擁有的利益而憤怒，卻不會去同情那個身陷困境的資助者。

我和叢飛資助的那些學生一樣，是典型的「感恩邊際效應」加「索求失敗憤怒」

者。從「受人資助者」到「被資助後丟下」，似乎從前的自己並不是弱勢群體，直到被丟下後，才發覺自己彷彿成了受害者。

聽一個朋友說，他小時候家裡特別窮，父母生了三個孩子，他差點上不起學。後來他創業賺了一些錢後，也想回饋社會，資助貧困生，於是自己聯繫了幾個家庭貧困的大學生，希望給他們一點能力所及的幫助。他每年都會拿出人民幣兩、三萬元來資助他們，但有一次現金周轉不靈，他趕緊打電話給幾個學生說明情況，有的學生對此表示了理解和感謝，但有一個學生卻當場翻臉不認人，令人心寒。那個學生質問他：「既然你沒有錢，為什麼一開始就要攬下每年資助我上學的事，害我拒絕了那麼多人的好意。現在你讓我去哪裡要錢來繳學費？你讓我在同學面前怎麼抬得起頭？」

朋友覺得自己理虧，就到學校找到這名學生，說自己可以跟學校商量一下，緩一兩個月把學費幫他補繳。沒想到，這名學生竟然制止道：「你是不是想害我？

你去找學校導師，這樣所有人就都知道我是靠別人的資助上學，以後我在同學面前怎麼抬得起頭！」

他很生氣，他怎麼也想不到，自己的幫助竟然會得到這樣的結果。當他走到這名學生的宿舍時，他驚呆了，只見他的床上竟然鋪著各類遊戲的海報。經班導師和同學瞭解情況，他才知道，原來這個學生平時蹺課，抽菸喝酒，泡妞戀愛，跑夜店，樣樣來。他怎麼也沒想到，原來自己資助的是這樣一個壞學生。

他澈底醒悟了：「對別人好不是我的責任，而是我心存善念。如果哪天別人接受資助時覺得理所當然，我怕對不起自己的良心，用小善行了大惡。」

記得春秋時期，魯國有個規定：凡是魯國人到「國外」去，看到本國人在外國為奴隸的，可以先墊錢贖回，回國後到官府報帳。孔子的學生子貢在國外贖回了一個魯國人，但卻沒有到官府去報帳。國人都誇子貢人品高尚，但孔子卻不以為然。

孔子批評子貢不該這麼做。他批評子貢：「你的高尚行為，最終會導致沒有人願意贖回奴隸。因為買了不報帳是品德高尚，如果有人買了再去報帳就會被說人品不好，這樣誰還會再去墊錢贖奴隸呢？」

事實證明，孔子是對的，從子貢以後，很少有人再去官府報帳，解救的奴隸也變少了。

《了凡四訓》裡，宰相呂文懿公正廉潔，後來辭官還鄉。有個人喝醉了對呂公破口大罵。有人將這件事告訴了呂公，呂公卻發了善心，沒有追究。但不久後，這個人犯了更嚴重的罪行，被處以死刑。呂公心中愧疚，沒想到當時的一念之仁，竟然使他變得更肆無忌憚，以至犯下死罪。如果當時懲戒一下，說不定能讓他回歸正途。

為人處世，要秉持一顆善心，但並不是所有的好心都能帶來好的結果，很多的「小善」反而會釀成大禍。

盲目的善良，有可能就是作惡。這就是「慈悲生禍害，方便出下流」。

古人言：飯吃七分飽，對人也七分好。

所以，我們從小要讓孩子懂得：我們要善良，但也要有底線，也要學會說不！

不管善良曾經遭遇多麼的不堪，我們仍然不會丟棄心中的那份善念！

13 滿足別人的劣根性，必然被劣根性打倒

傷害大致分為兩種：有意的傷害和無意的傷害。一個出於主觀意識；一個卻是在加害若毫無察覺的情況下發生的。人們會為受害者感到不平與惋惜，卻沒有人願意考慮加害者的無意。

貪和懶是人類的通病，拿經濟學中的非顧客概念來說，絕大部分人都有強大的消費意願，但為什麼有的人最終消費了，有的人卻沒有呢？大概有兩個原因，一是貪，非要價格最低且含運費的那種；二是懶，要求服務上門，只有滿足他的欲望，才能使他消費。

《三字經》有言：「人之初，性本善。」但在我看來，人性的善惡不過是操守而已，只是有的人守住了善，有的人沒能守住。**善良的人往往沒有去想保護自己，只是希望別人同樣用善良來理解自己，然而，很多時候，別人並不會因為你的善良對你「感恩戴德」，反而更容易傷害你。**

中國電影《芳華》裡的男主角劉峰，在一定程度上可以說是善良的「化身」。在一個人言可畏的時代，他的個人意志和品格完全不能保護自己，也完全不能被集體相信。別人都不吃的破餃子皮他願意吃，幹部子弟都不願做的工作他去做。然而，就是這樣一個熱情為他人付出和奉獻的善良人，只是因為向心儀的女孩告白時擁抱了她，便被抨擊。他受到嚴重警告，被下放到伐木連當兵。

那些受過他幫助的人對他避之不及，唯獨劇中的女主角何小萍，一個不被善待的人，最能識別善良，也最能珍惜善良。何小萍從小就被欺負，進入部隊也一直受到排擠，只有劉峰幫助她，關懷她。當她看到文工團的人對劉峰落井下石，對他避之不及時，她感受到了人性的冷漠，並對這個集體失望透頂，於是主動到前線去，把善良奉獻給那些真正需要的人。

劉峰的職責是什麼呢？在文工團時，他幫炊事班班長打先鋒，吃沒人要的破餃子，縫補舞台大幕，修理食堂板凳，疏通洗衣台下水道。誰都可以對他使喚。劉峰做的這些事非做不可嗎？不，他被下放伐木連後，文工團的日子照舊過，畢竟那些瑣事他不做，政委自然會安排別人做。那個年代，「學雷鋒」（好人好事的代名詞）的人是很多的，用美籍華人作家嚴歌苓書裡的話說就是：「人人都想做好人、好事，但是需要衝的廁所坑就那麼幾個。」不論是做為標兵進京接受表彰，還是後來被下放，劉峰身上的善良精神絲毫沒變。但是，他的善良並沒有讓他的生活變得更好，反而那些當初排擠過他的人比他過得好。

當你的善良成為一種盲目的犧牲，你就真的會變成集體惡意下的犧牲品。

過度的善良和過度的惡都有可能和原生家庭環境有關。這兩類人的家庭環境往往有著驚人的相似之處：在其幼年時期遭遇過不幸，或突然的家庭巨變，或亦是長期的艱辛生活。不同的是，前者以犧牲自己來取悅這個世界，後者以發洩自己的憤怒來報復這個世界。犧牲者最後逃不過集體惡意，報復者會傷害更多無辜的人。

一個人要不要講道德，要不要做一個善良的人，在乘坐交通工具時要不要讓座，老人摔倒了要不要扶，這是牽扯到每個人生活態度和良知的現實問題。道德是以善惡評價為標準來約束個人之間、個人與社會之間關係的行為規範。道德的評價標準是善惡，但善惡的標準呢？

其實人的本性是非善、非惡的利己，利己之心人皆有之，利己是人的本性，善惡不是人的本性，我們的行為動機和目的都是為了利己，利人或損人只是行為過程中的手段，是以利己為目的而權衡利弊的演算法。演算法與心智相關，與心性無關，與善惡之心無關。

我們要保持最基礎的善意，但也不必為了不必要的犧牲搭上自己的幸福。

14 你若得寸進尺，我便不再退讓

對人，我不欺負，也絕不會受人欺負。人與人之間都是平等的，心與心之間都是相互尊敬的。你若出言不遜，別怪我不再大度；你若好話好說，我也絕不會冷酷。你若沒有溫度，我也就沒有風度。我不輕易發脾氣，但別挑戰我的耐性！

網上有這樣一則相聲段子：

一個人遊手好閒，不務正業，還喜歡賭博和「尋花問柳」，結了兩次婚，都因風流問題而以離婚收場。不過他在第三段婚姻裡，卻突然像變了個人，一改以往的浪蕩生活方式，成了一個十分規矩的好老公。

有人問他：「你為什麼變得這麼老實了？以前總是吵鬧打架，這一次你從來沒有打過你老婆，難道這次你們夫妻感情異乎尋常的好？」

他答道：「我老婆會管狗。」

問他的人感覺十分費解：「這和管狗有什麼關係？」

「我家裡有一條狗很喜歡朝人狂吠，老婆第一次到我家裡，那條狗朝她一直叫個不停。我老婆看了狗一眼說：『這是第一次。』老婆第二次來我家裡，狗又朝她狂叫，她拿起一把菜刀對狗說：『這是第二次。』老婆第三次來我家裡，狗還是朝她一直叫，老婆拿起刀說：『這是最後一次。』說完把狗殺了。」

問的人似乎明白了什麼。

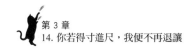

中國問答網站「知乎」有個提問是：「你在什麼時候開始決定不再善良？」

有一個漂亮女孩，擠破頭考上了公務員，雖然算不上很好的職業，但好歹可以圖個安穩。有人的地方就有是非。部門裡有個年紀略大一點的女同事，不知是何原因，始終看這女孩不順眼，總是對她「雞蛋裡挑骨頭」：不是批評她的穿著打扮，就是編造她的作風問題，對她暗中刁難。這個沒有任何人脈背景的女孩完全束手無策。無奈之下，女孩鼓起勇氣，開始研究這位不友善的女同事的愛好——她是當地地方劇的死忠愛好者。得知這個消息後，這個女孩就時不時地公開發表意見，聲稱自己非常喜歡這個地方劇，乘電梯時還不忘放上一兩段……一來二去，兩人就圍繞這個地方劇聊上了話，還約在ＫＴＶ唱了幾回。一來二去，兩人的關係大為改善，這個女同事也主動出面替她爭取各種福利機會，此前劍拔弩張的局面，頓時變得其樂融融。

所以，被欺負時不要慌張，能夠戰術性化解，「化干戈為玉帛」，才是本事。正如中國古代軍事著作《將苑．不陳》裡所言：「古之善理者不師，善師者不陳，善陳者不戰，善戰者不敗，善敗者不亡。」

在司馬懿看來，「一心只想著贏的人，就真的能贏到最後嗎？打仗先要學的是善敗，敗而不恥，敗而不傷，才能真的笑到最後」。司馬懿知道自己在戰術上無法和諸葛亮抗衡，於是他選擇消極避戰，每次諸葛亮都能在局部地區小勝，但是諸葛亮七次北伐卻沒有辦法贏得主導戰局的軍事成果，最終病死在五丈原，蜀國也耗盡國力。

諸葛亮曾經打敗曹真後，寫信羞辱他，曹真直接被氣死。但當諸葛亮因為司馬懿避戰，派人送去女裝羞辱司馬懿時，司馬懿卻淡定地穿上，依舊不出戰，最後把諸葛亮拖死在五丈原。

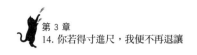

我們並不能一開始就精確判斷出環境對自己的利害，也無法透過一些短期的行為來判斷別人的素質是好是壞，但如果外界對我們表現出不友好時，我們可以利用自己的方式去化解衝突。

春秋時期，有名大臣中行文子，失罪於國君，不得不率眾出逃。途中恰好經過一位朋友所在的縣城。這位朋友以前對他很好，不僅送給他很多珍貴禮物，還在諸多聚會上對他盛讚有加，十分欣賞他。大家都以為中行文子肯定會投奔他，但沒想中行文子卻說：「他以前送禮給我，不是向我示好，只是因為我手中有權力罷了。現在我失罪在逃，他為了討好權力，肯定會捉住我獻給國君的。」所以中行文子經城不入，飛速逃走。而這個曾經給中行文子送禮的人卻追出城來抓捕中行文子。

現實中的人，很難區分別人究竟是對自己發自內心的友善，還是另有所圖。所以，古人說，得志時考驗自己，失意時考驗朋友。人性是極不穩定的，不能夠辨識對方的真實用意，就會做出錯誤的判斷。

表面的友善和開始的不友善，都不足以使我們全面瞭解一個人的人品。能以德報德，以直報怨，就已經是謙謙君子了。我們不必時時委屈自己去迎合別人，別人既沒有那麼需要我們的善，也沒有我們想像中那樣會懂得感恩。你我和絕大多數人一樣，接受著最基礎的教育，走在最多人走的路上，卻一直認為自己比絕大多數人有良知，應該得到更友好的對待，但更讓你失望的真相就是，在別人的眼裡，我們不過是同一條路上的甲乙丙丁，可以被忽視，被輕視，甚至被討厭——我們自以為比別人優秀很多，其實不過是別人眼中的普通人而已。

從心理學的角度上來說，一個人的人格構成，是由從前的經歷、習慣、品味、偏好、自我評價及經驗匯聚而成的。生活中的每一次與外界互動，都會悄悄更迭當事人的心智模式。一個所謂反社會人格的人，必然是因為從之前的一連串損害行為中獲利而形成了壞的行為模式；一個所謂的好人，也一定是因為曾經的善念善舉得到了好的回報而形成了好的行為模式。當事人之所以難以改變自己的行為模式，只是因為他每次的習慣表達，多半都得到了外界環境的支持或默許。

大多數情況下，我們應當向善而為，但如果外界對我們表現出不友好時，我們可以利用自己的方式去巧妙地化解衝突，也要想辦法遠離那些不友好之人。

15 誰都沒有義務靠傷害自己來滿足他人

人活著不是為了滿足他人，而你也不可能滿足所有人。所以你不必為了迎合別人的期待而失去自我，傷害自我，你應該是你自己，該做什麼就做什麼。

你的善良，必須要經得起人心的複雜。看起來是善良的事情，卻可能因為人的複雜貪婪而變成壞事，因此，行善務必要考察清楚，你的善良有可能會帶來什麼壞的結果。

我喜歡打電玩遊戲，尤其喜歡角色扮演遊戲，因此結交了不少遊戲好友。我和其中有一些人經常組隊「打BOSS」或組隊闖新區。我們雖然只是在網上認識，生活裡沒見過面，但我們之間的遊戲連結讓我們體驗到了現實裡沒有的友情。誰受欺負了，和朋友們打個招呼，我們所有線上的朋友都會幫他去收拾欺負他的人。所以，有好一陣時間，我們都是互相幫忙，幫對方「補血」，給對方「好裝備」，甚至還會為了升級相互幫對方的帳號掛機。

有一天，一個遊戲好友說自己看中了一件裝備，但微信零錢不夠，需要有人幫他湊點錢，先拿下裝備。大家看他平時借裝備給隊友也很爽快，而且以前也是借錢後很快就還了，於是就很爽快地借錢給他。有的給他轉人民幣兩百元，有的給人民幣五百元，最高的給了人民幣一千元。但這次借完錢，他就沒在遊戲裡出現過了。QQ和微信都像消失了一樣。有人發微信訊息給他，發現他把我們的QQ、微信都封鎖了……

所以，如何優雅地毀掉你跟一個關係還不錯的人之間的友誼？借他一筆錢，然後一走了之。

有一段時間，因為在出版業工作不愉快，我決定轉行，打算永遠不再涉足這個行業。聽從朋友的安排，她介紹我到杭州一家棺材生產商那裡當祕書。剛去時很不適應，畢竟跟北京的便利比較起來，偏遠的棺材生產地區基本上帶來生活的各種麻煩。

還好那裡的一些員工不錯，女同事普遍喜歡與我打交道。為了招待她們，我的房間裡總是準備著各種各樣的零食，讓她們來玩時可以邊吃邊聊。第一個月的相處還算不錯，女同事都很願意向我介紹當地的風土人情和生活狀況，個人情感和家庭方面的煩惱也會向我傾訴。我就像一個「知音姐姐」一樣，很受她們歡迎。當然，我也很樂意和她們相處，很樂意安慰她們，時不時還給她們發「紅包」。

事情的轉折發生在一件事上。那時，中國手機品牌「VIVO」剛出了新款手機「VIVO X21」。有一個女孩天天說自己的手機不好，想換這款新手機，但她一個月只有人民幣一千五百元的實習費，平時的生活費都不夠。我問她差多少錢，她問我能否借她人民幣三千元，我當時想，能夠滿足她的心願，花這麼多錢，也是值得的，便馬上轉了三千元給她。

沒想到，第二天又有三個女孩找我借錢，一個借人民幣一千元，一個借人民幣五百元，最後一個借了人民幣三百元。我體諒她們生活的不易，就借了出去。可是，過了一個多月，她們沒有一個人有要還我錢的意思，不但如此，有人還言辭閃爍地表示還想再借點。我只好說，自己整個月的薪資都拿給家裡應急了。又過了一個多月，還是沒有人要還錢，那個借了人民幣三千元的女孩甚至問我能不能再借她一些錢……到這裡我才明白，借出去的錢是「肉包子打狗」——一去不復返。

這讓我想起自己上學時的日子，一天的生活費只有幾塊錢，想吃頓肯德基都要存一週。有一次，我存了人民幣八元想買個漢堡吃，走到路上，突然有個乞丐過來要錢。我只好咬著牙，從口袋裡拿出一張五元的人民幣，因此放棄了吃肯德基的想法，把錢給了乞丐。回去的路上，不料又遇到另一個乞丐，我有點不好意思，只好「善事做到底」，把剩下的人民幣三塊錢給了這個乞丐。誰知道，他還滿腹委屈地責怪我：「為什麼給那個人的是五塊錢，給我的卻是三塊錢？」好像我虐待了他一樣。我無比憂傷地看了他一眼後低頭離去。結果，我那一週就只能吃稀飯配醬菜度日了。

如果你一直是大家眼中的好人，一直做正確的事，但是哪天你不小心做錯了一件事，大家立即會說：「原來這個人不怎麼樣。」如果你一直是大家眼中的壞人，哪天突然做了一件好事，大家會說這個人其實挺好的。所以，當自己的利益受損時，如果你過分懦弱，只會讓自己被壞人欺負。如果你勇敢一點，勇於維護自己的權益，結果可能會變得不一樣。

很多人都喜歡開車，要是自己有車，無論是上班、週末或假期自駕出行，想去哪兒都比較方便。但一說到車，有一個問題真是困擾了很多車主：借車！

「兄弟，你的車這兩天有空嗎？」

「××，你的車能借我開兩天嗎？我這邊有點事想借用下。」

朋友借車的理由很多，比如「我要去相親」、「我要去接客戶」、「我要去機場接個朋友」、「我老婆生孩子了」……

如果好朋友向你借車的話，你會怎麼辦，是借還是不借？

我想大部分車主都不想輕易地把自己的愛車借給別人。車是自己辛辛苦苦買來的，平時刮痕都很心痛。如果借給別人開，一旦出事，輕則違規罰款，重則有可能犯罪。如果造成生命危險的話，自己還有可能要承擔責任。如果你顧及朋友之間的感情不得不借，最後出了問題還得自己扛。

「幫助是情分，不幫是本分。」所以，當朋友向你提出借錢或借車時，你有選擇拒絕的權利，你不必為了做好人，而成全他人，傷害自己。

當然，生活中有很多人並不會就此善罷甘休，當你選擇拒絕時，有些無賴甚至會對你進行「道德綁架」，比如，他們會這樣說你：

「哎呀，有車了不起啊？」

「不就有了幾個臭錢嗎？看你整天囂張的樣子……」

「都那麼熟了，怎麼這麼小氣？」

「這麼多年交情，你竟然連車都不肯借我？」

他們只看得到「你不借車」的結果，然後理直氣壯地「血口噴人」。你心裡一定很難過，為什麼你憑自己的努力買來的車要給別人用？為什麼當你無法做出符合對方心意的事情時，要被「言論綁架」？那些有求於你的人，還敢這樣「責難」你，甚至還威脅你？

說到底，別人找你借東西，大部分的心理支撐都是「道德綁架」！比如：

「我們之間的關係是不是很好？這事你是不是得幫著我？」

「你每個月賺那麼多錢，借我點算什麼？」

「你還當不當我是兄弟？不幫就是瞧不起我！」

……

幾年前，中國導演陳凱歌執導了一部電影《搜索》。女主角藍秋在獲知自己罹患癌症之後，心灰意冷地上了一輛公車，沉浸悲痛中的她因為拒絕給車上的年長者讓座，引起非議，在公眾指責和病魔降臨的夾縫中，她選擇了以自殺的方式離開這個世界。

那些指責你不義務進行幫助的人，從來不會考慮你在經歷什麼或經歷了什麼。他們的眼裡只有自己的需求，以「高尚道德」的名義來指責，並控制對他人意志。只要你滿足不了他們的這些需求和欲望，你就是個壞人，活該被「千夫所指」。

這個極度自私的成年人群體，只索取卻沒有奉獻。他們總是以自我為中心，要求所有人都圍著他們轉。他們沒有規則意識，沒有法律概念，沒有道德約束，把別人的幫助、贈予視為應該，沒有絲毫的感恩之心，彷彿全世界都欠他們似的。他們把全世界都當成是自己的，不平等地對待別人，甚至不把別人當人，只想別人滿足自己想像中的世界。這類人一方面很偏執；另一方面卻很脆弱，所以他們不能接受質疑和拒絕，一旦受到質疑或拒絕，內心預期被打破後，就會產生劇烈的抵觸，甚至是有攻擊性的情緒。

所以，對這些不能接受非預期事件的人，我們最好的選擇只能是，寧願他們因被我們遠離、拒絕而恨我們，也不能去滿足他們的欲望而使自己遭遇無盡、不可預知的傷害。

你不需要尊重和體諒每一個人，只需要去尊重那些尊重和體諒你的人，你沒有義務透過傷害自己來滿足他們。

16 示弱的多少，正是「屠夫」下手的力道

如果每次屠夫對良善的人們落下刀鉞後，餘下的人總是抱著「逝者已逝，活著的人要向前看」的態度，那麼，誰來懲治罪惡的屠夫呢？屠夫也必然會將把手裡的刀鉞再次拋向良善的人們，誰能保證自己不會是下一個？

——紫金陳，中國推理作家

傷害別人的人往往記不起自己的殘忍，因為痛的不是他們。你若不乖乖地聽命於他們，像他們希望的那樣被他們控制，那麼，不管你做什麼都會招致他們怨恨。他們毫不講道理，只要他們喜歡的，他們就要得到；只要他們討厭的，他們

就要「趕盡殺絕」。你被一群看似無辜的人傷害著，你痛苦哀號著，卻沒有人願意去看你的傷。因為痛的不是他們！

受傷的你想弄清真相，但加害你的人卻是最不想知道真相的人，他們對自己做過的一切都沒什麼感覺，即便有人提起，也可能忘了大半，只有可憐的你耿耿於懷，即使在幾十年之後，對於人性依然會充滿恐懼。

經常傷害別人的人永遠不會記得自己製造了多少傷害，但是受害人受過的摧殘卻會成為他們永遠的恐懼。一些人僅僅為了自己在某一刻的情緒滿足，就泯滅掉內心的柔軟，與大家站在一起，狂暴而殘忍地傷害你，而後離開，只剩下你看著自己不斷受傷，甚至終身都得不到療癒。有時，你可能都無法理解，為什麼人一旦陷在非理性情緒裡，會變得那麼狠毒，且根本不知道自己多狠毒。因為狠毒的人不會承認自己狠毒，更不會自我剖析，能操控他們的，只有情緒。

你示弱、討好或逃避，都只會強化屠夫下手的力道。沒有人會為你說話，沒有人會挺身而出維護正義，你獨自一人站在活該被傷害的地方，等著另一群人一次又一次理直氣壯的傷害，連掙扎都無能為力。在這個群體裡，你看不到人性最基本的惻隱之心。倘若你表現出受傷的痛苦來，別人只會更加看不起你，認為你是在演戲！倘若你終於忍不住發火了，別人馬上得意揚揚地說：「看吧，這個傢伙確實是個混帳，終於忍不住露出真面目了吧，好凶，好壞……」

你崩潰，他們覺得你虛偽；你放棄爭辯，他們還是覺得你壞，你唯一的辦法是離去。但很多情況下，你卻沒有離開的能力，你只能抱著無奈、無助、不知所措與滿腹委屈繼續被他們傷害。

而且，那些認為自己內心很善良，或「實在是為你好」的屠夫，似乎也會認為自己是沒任何理由傷害你的，即使確實傷害了你也不會承認。因為，他們只有這樣才能心安理得地發神經，隨心所欲地拿刀子捅別人。

你受苦，一定是你錯了，即使生命已經成了你無法承受的重荷。你必須承認自己錯了，至於錯在哪兒倒不是他們關心的事。

群體非理性暴力隨時都在上演，不能掙扎，無法逃避，沒有人願意理解你。凡是自己感覺不到的事，屠夫都會拒絕承認。一個畢業於北京大學的哲學系男人，說世界上不存在強姦這回事，說只要女人不同意，男人就不可能得逞。一個自己童年過得很好，受父寵母縱的女人，拒絕承認自己的姐妹遭遇的家暴和拋棄。

人總是因為無知而殘忍。自己沒有痛過，殺戮就成了理所當然。

體會到基本的愛憎規則後，又覺得懲惡揚善是使命所在，於是開始保護青蛙、蜜蜂，放生魚和海龜，而對偷吃的老鼠和捕捉青蛙的蛇則非得殺之而後快，敢用鐮刀斬長蛇，敢用汽油燒老鼠——懂得了一點兒所謂的善與惡，做起事來更殘忍並理直氣壯。經歷更多的傷害後，才終於知道了生命的不易，於是變得更包容了一點。這種包容，有一點點可以算「善」。這大概就是張愛玲所說的：「因為懂得，所以慈悲。」

人有肉體，必困於所知和體驗的局限，只能獨特偏見，原諒這種偏見下的群體暴力和一切非理性行為，大概是解脫自我的唯一路徑。

有的人看不見自己的殘忍和惡毒，認為自己所有對他人的傷害都是情有可原。

韓國電影《希望：為愛重生》的豆瓣評論裡有這樣一個例子：

一個人和老媽在飯桌上聊到女主角素媛時，老媽一邊嚼著一塊紅蘿蔔，一邊滿不在乎地說：「這種事情太多了，以前鄉下就經常發生，我都知道好幾件，但這些被強姦的女孩從來不被人可憐。村裡人會喊她『破鞋』、『爛貨』，這樣她們就很難嫁出去，也不會有媒人去她家提親。」

在這個世界上，「素媛」們比比皆是，只是有的人劫後餘生，有的人就沒有那麼好運氣了。「黑羊」們比比皆是，流言與歧視帶著酸臭的口水和冰刀般的目光，對受害者繼續施加傷害。

孟子說：「無惻隱之心，非人也；無羞恥之心，非人也；無是非之心，非人也。」

魯迅說：「中國人是一向被同族屠戮、奴隸、敲掠、刑辱、壓迫下來的，非人類所能忍受的痛楚，也都身受過。每一考察，真叫人覺得不像活在人間。」而世界上最殘忍的現實之一就是：罪惡必須以最嚴重的形式出現，有的旁觀者才有可能會承認。說難聽點，只要你沒死，別人就不會承認你正在「被殺害」。

另一個更殘忍的事實是，我們不知道自己什麼時候會變成「屠夫」，又在什麼時候淪落成「黑羊」。只是，有一些傷害，永遠無法修復；有一些傷害，永遠不會被原諒。這世間因有了愛恨情仇，才累積出了時空長河，沒有哪些東西會被淹沒，也沒有哪個人會被遺忘，更沒有哪種殘忍和邪惡應該被原諒。

17 「不好意思」不是美德，而是傻

不好意思，我有自閉症，誰都不要理我，我誰都不想理。

很多時候，我們常常礙於面子而錯失了大好的機會，甚至斷送了自己的前途。凡是讓你覺得不好意思的都要馬上去做，否則時間會把你的勇氣完全消磨掉。因此，不要讓不好意思成為你人生的絆腳石，從現在開始，**學會拒絕，別讓不好意思害了你**。

一個無論做什麼事，哪怕表現得很好，都很容易被指責和打罵的孩子，會時刻保持警惕、戰戰兢兢、如履薄冰，其原因只有一個：在家裡，他是沒有任何權利的「奴隸」。

他想躲過隨時都會遭遇的打罵，就只能把調皮搗蛋、不聽話、任性、攻擊性的自己掩飾起來。他默默地長大，默默地活成大人喜歡的樣子：不抽菸、不喝酒，無不良嗜好，所有收入都乖乖地交給父母，然後用工作逃避所有的家庭關係。只有別人對他笑，他才有安全感；就算別人不笑，他也要強顏歡笑，只為能潤滑人際關係，減少別人的一些惡意。

他總害怕爭吵，害怕不和諧，害怕別人對他有敵意。當他受到別人的惡言攻擊時，或者當沒人在他驚恐的時候幫他一把時，無助感、欺騙感和絕望感會讓他封鎖求助的人。他成了一個十分難以形容但又十分好欺負的人，在面對挑釁時、心虛時不知道如何回應，就衝動回應了，很快又覺得對方並不可怕，便又開始同情對方。如果人家給他一點甜頭，他很難發現這是別人設的套，追求美好的本能讓他就算受傷也會第一時間原諒對方。

他特別願意上當，儘管他對別人的承諾很疑惑。有時候，他會安慰自己上當也是人生必經之路，搞不好還會從中發現新的可能，或者從中學會教訓。他容易被欺負，容易被周圍的壞人詐騙，但他很快就釋然了，只能騙自己想開一些、妥協一些，退一步海闊天空。

別人故意對他好，他就接受了。他既易怒又好哄，既易喜又易悲，雖然脾氣差極了，但只要別人給他一點甜頭，他就覺得這個世界還是溫暖的。

總之，他易怒、易狂、易憤、易憂，反復無常，變化多端，是沒有安全感的「窩囊」。

中國演員郭冬臨和買紅妹曾經演過一齣戲《有事您說話》，他演的是一個濫好人。誰有事請他幫忙，他都拍著胸脯說：「有事您說話。」春運期間，火車票很難買，郭冬臨吹牛說他有熟人能買到火車票，於是越來越多的人來請他幫忙買火車票。他不好意思拒絕，就背著被子去火車站，徹夜排隊買票，讓自己苦不堪言。這種人是典型的討好型人格，他渴望被所有人認可，犧牲自尊來迎合他人，反而被人嘲笑。他想討好全世界，最後反而被人看不起。

現實的情況恰恰相反，你越怕得罪人，就越容易得罪人。你越是不敢提要求，就越會被要求。你工作再辛苦，不好意思向老闆提加薪的事，就要默默忍受薪資不漲的苦。

總之，不好意思會讓你錯過很多東西，比如友情、愛情、機遇等。守底線、有原則、不討好、不諂媚，敢於追求，懂得拒絕別人，又能適當幫助別人的人才會過得更好一些。**如果在人生大事上沒有底線，不講原則，不敢拒絕，只能自討苦吃了。**

莫莫二十二歲時還是單身（在農村，年輕人結婚比較早），被家裡人逼著去相親。她雖很想把自己嫁出去，但對相親是沒有什麼好感的，她可不信「見幾面就能定終身」，但架不住親友的逼迫，她去了幾次，最後無一例外地都以失敗而告終。被家裡人逼急了，她就想隨便挑一個條件差不多的人交付一生算了。

最後一次相親時，她遇到了一個相對來說比較滿意的相親對象，在對方的幾番甜言蜜語的攻擊之下，她答應先相處一段時間。不過在相處時，她發現這個男人缺乏情緒控制力，動不動就會發脾氣。她想分手，但男人苦苦挽回。想到自己年紀大了，對方雖然脾氣不好，但對自己還算真誠，所以她又覺得不忍心分手了，就給了那個男人機會，最後兩人走進了婚姻殿堂。

兩人很快就有了孩子。孩子的出現暴露了男人的本性。她剖腹產時，他只在醫院陪過她兩天。出院之後，即使孩子哭得再厲害，他也沒照顧過孩子，沒有為她做過一次飯。做月子期間，她只好忍受痛苦默默地撫養孩子。

做完月子，她提出離婚，可這個男人已經賣掉了她的婚前房產，一分錢的生活費都沒給她。可以說，孩子是她靠著娘家人的傾力相助，才長大成人的。

人生不能倒回，你不好意思說不，就要承受它帶來的後果。**別傻了，大家都**

沒有相互虧欠，所以，沒有什麼不好意思拒絕的。比起拒絕帶來的初始心理負擔，漫長的人生價值才是最重要的事。凡事想明白了，對誰都好。

第 4 章

善良本無錯，保護不了自己就不對了

善良本無錯，保護不了自己就錯了。
不是說善良不對，也不是說不幫助別人，
而是在力量不夠，防禦措施不到位的情況下，
要量力而行，不能將自己置於危險境地。
同樣，不能否認善良，但善不能被惡利用，
陽光的背後充滿了陰影，
站在陽光中的人想像不到那些黑暗與齷齪。

18 讓那些壓迫你、傷害你的人閃邊去

卑鄙的靈魂擺脫壓迫後便要壓迫別人。

——杜斯妥也夫斯基（Dostoyevsky），俄國作家

很多人的善其實不是真正的善，而是看不見自己正傷害別人的偏見。

我們很容易越俎代庖地幫別人做很多事，然後將其定義為「我這是對你好」、「我這是在幫助你」，在心理學上，稱作「虛假同感偏差效應」。同樣，我們也容易被越俎代庖，無緣無故就「得到」了很多自己沒有請求就獲得的幫助與關心。

而有時候，這種關心並不是我們需要的，這使得我們常常在無盡的痛苦和遺憾裡

掙扎。

在這樣的心理揣測之下，我們很容易在無意間參與「集體屠戮」，給他人帶來莫大的傷害。比如農家女孩嫣雪，她家有姐弟三人，弟弟是全家的寶。在那個窮鄉僻壤的小山村，「重男輕女」的思想還很嚴重，家裡的所有家務雜活，母親都會安排讓她做，要她照顧弟弟，要她吃苦耐勞，要她好好學習，以拯救這個貧窮的家。等她能賺錢了，母親還要她為弟弟花錢蓋房子、娶媳婦。所有的這一切，都被母親美之名曰「孝順」，彷彿只有她願意「孝順」，願意犧牲，才能解救全家於水火之中。

從小被逼著以這種方式盡孝的人，往往是家裡最倒楣、最懦弱的孩子，家裡的其他人也會模仿母親教育你的方式來欺壓這個孩子，讓他生活在無窮無盡的壓迫之中，得不到須臾快樂。反之，那些性情頑劣卻被母親寵愛的孩子，倒有著愉快的童年，他們不必背負任何「重務」，四處遊玩，十分快樂。前者就像中國熱門一時的電視劇《都挺好》，劇中的女主角蘇明玉，後者就像她的哥哥蘇明成和蘇明哲。

自私偏心的刻薄母親，對蘇明玉總是不滿，卻格外寵愛她的哥哥蘇明成和蘇明哲。童年的蘇明玉是不被愛的。為了籌錢給她的大哥蘇明哲出國留學用，當時蘇明玉正在準備高考，但母親卻賣掉他的房間，卻沒有問過她。當二哥蘇明成向家裡借人民幣兩千元去畢業旅行時，蘇母一口答應，而當成績名列前茅的蘇明玉說想去清華大學讀書，想要人民幣一千元參加清華的特訓營時，母親卻冷冷地說：「你去讀家附近的師範大學吧，不用學費，還可以回來家裡幫忙。」所以，我們可以從後來的劇情中看到，蘇明玉的一生都生活在對母親的恨中。

有句話說：「幸運的人，一生都被童年治癒，不幸的人，一生都在治癒童年。」

所以，若你善良，請離開那些只想絕對控制你的人，在你還有健康的思想和身體時。

人際關係的最大殺手，是很多人只想控制另一方，而不是將對方當成和自己一樣具有健康人格的人。也就是說，絕大部分人對另一方的關心，不過是希望對方變成自己想要的樣子，而不是讓對方成為他想成為的樣子。

以「關心」之名發洩控制欲、責罵欲和暴力欲，不過是因為這些人的精力終日不得合理發洩，沒有能力去做其他更有價值的事，所以只好盯著別人。

他們喜歡盯著別人，但並不是看著別人。

他們喜歡跟別人說話，但並不交流。

他們的心裡只有「我想如何」、「我想你如何」，而不是在合適範圍內「做自己的事，允許別人有自己的愛好……」他們覺得這是為你好，你不准有不同意見。你要敢反抗，敢要求，敢有自我意志，那你就是「良心壞透了」。

他們看不見自己給別人造成的傷害，看見了也拒不認錯。他們傷害了你，卻表現出很無辜的樣子。反正痛的是你，他們可不管。

很多禪修大師告訴我們，在遭遇痛苦和他人的不友善對待時，要學會換位思考，要學會理解別人，只有自己變好，世界才會變好。可是，從來沒有人告訴我們，為什麼要一味地去要理解別人，為什麼沒有人來理解自己？如果我們連自己的傷口都無法治理，又如何為他人著想？如果我們自己都還沒有爬起來，如何去扶起別人，治癒別人的傷口？

所以，如果你生活在被欺負和逼迫裡，唯一的選擇是離開，離開所有人都強迫你承擔他們焦慮的地方，離開那些逼你承擔他所有焦慮的人。只有離開了你才有機會包紮自己的傷口。雖然征途上什麼情況都有可能出現，使你舉步維艱，時有退意，但那膽戰心驚裡的風風雨雨，是我們做回自己的唯一途徑。你必須承擔自己的焦慮，但你只承擔自己一個人的焦慮就可以了。

當你恐懼時，你當勇敢。

當你懦弱時，你當堅強。

19 一個人是否成熟，看他被欺負時的樣子

善良的人不要做「背鍋俠」，絕望的時候，不要讓自己失去希望；只有自己堅強，才能拯救一切。

很多人活得比較「佛系」，對什麼事情都不爭不搶，有也行，沒有也行，一副「無所謂」的樣子。他們萬事看破，不求輸贏。總之，一切順應天意。這樣的結果是什麼呢？他們的權益經常任人踐踏，他們在這個世上沒有「存在感」，以至於常常被人遺忘。

在這類人看來，只要敢於承認自己是個失敗者（loser），所有的難題都會迎

刃而解。但他們忘了一個基本的事實：事在人為。如果你不主動去做，去克服困難，只等事情自我消解，那麼，一定沒有一件事情能如你所願。

一個女性讀者留言給我說，自己小時候生活還算幸福，母親經商為生，為人賢德善良，家裡有親戚或朋友過來借錢，基本都有求必應。她一直以為這樣的幸福生活能夠一直持續下去，直到某天她被媽媽送去一家酒店。原來，父母經營受騙，家裡破產了，欠了很多外債，房子、車子一併被銀行抵押，從此，她一家人開始了顛沛流離的生活。

父母被放高利貸的人圍堵在酒店一層大廳，被一群「蒙面人」帶走了。她自己匆匆忙忙地帶著行李去投奔男友，這時，男友傳了「我們分手吧」的訊息。在最痛苦不堪的時刻，最依賴的人因為怕麻煩而提出了這個殘酷的要求。

一時間，她感覺自己幾乎失去了一切。她每天「以淚洗面」，過得昏天黑地，不明白活著還有什麼意義。她感覺自己就像一朵還未盛開就凋零了的玫瑰花。就像一齣無比華麗的舞台劇，在上萬人齊聲喝彩的時候，燈突然關了，所有的觀眾退場離去。

她不是沒有反抗，她曾哭著和男友說不要分手，哭著去找容身之所，甚至跪著求過曾經上門借錢的親戚。可是，她沒有得到任何回應。在她眼裡，這個世界突然變得骯髒又絕望。她看透了這個世態炎涼的世界，她不想再做任何掙扎，她想到了自殺，結果沒有成功，最後，她決定「皈依佛法，遁入空門」，青燈古佛了此一生。

然而，佛門並不好進。她只好老老實實地回到學校繼續學習，畢竟學校不是社會人員可以隨便鬧事的地方，可以讓她安靜地累積力量。事實是，當你擦乾眼淚向前看時，一切都會變好。後來，我聽說她考上了當地最好的大學。

當然，對於她家後來如何擺脫困境的，我沒有過問。我想，只要她擺脫了曾經的懦弱心態，勇於爭取，一切都會好轉起來的。

錦上添花天下有，雪中送炭世間無。當你強大時，你的身邊都是捧著鮮花敬獻給你的人；當你脆弱時，不會有人關注你的柔弱和善良。

一個人是否成熟，看他被欺負時的樣子。

從前，蛇在草叢裡經常被人踩，牠覺得不公平，於是找上帝訴苦。上帝對它說：「如果你咬了第一個踩你的人，以後就再也沒有人敢踩你了。」

上帝的話雖然有點言重了，但道理是一樣的。當加害者利用欺壓行為做為控制手段，試圖混淆利益分配政策，使自我利益最大化時，你要勇敢站起來，採用正義的方式去反擊，才能有效遏制加害者的行為。

情緒不成熟的人往往會困在認知陷阱裡，心裡總想著「我並沒有做錯什麼，所以不該如何如何」，在被欺負時也只會問：「我做錯了什麼，為什麼這麼對我？」這就是典型的弱者思維。只有弱者才會透過「示好」來指望別人對其公平對待，而這種方式往往並不如願。羚羊跑得過獅子才能生存，跑不過獅子卻抱怨獅子殘暴無情，是沒有任何作用的，最後只能淪為獅子的口中餐。

而成熟的人在受到欺負時，從來不會抱怨，而是會採取必要的手段，讓自己遠離傷害。

在我童年的時候，因為自己長得瘦小，所以在學校裡總是容易被同學欺負，回到家後又會挨父母打。當時，我沒有對這種「霸凌」進行反擊的概念，只是指望著老師能夠發現並教訓欺負我的同學，結果換來的是更多次的霸凌。當時，我除了經常獨自落淚外，沒有任何其他的辦法。

後來，我從書中看到關於如何對付惡人的辦法，給了我與「惡勢力」進行鬥爭的勇氣，當他們再次欺負我時，我就向他們發出了勇敢的「鬥爭宣言」，以正義的力量威嚇他們。從此之後，那些經常欺負我的女生在見到我後就躲得遠遠的，再也不敢欺負我。

所以，真正決定你是否容易被欺負的因素，是你被欺負後的反應——你是否敢於勇敢反抗，是否能以理性而合適的方式進行反擊。

「為什麼別人敢在你身上做壞事，是因為你讓人覺得，在你身上做壞事可以不付出任何代價。」這是美劇《諜海黑名單》（*The Blacklist*）的台詞，如果你對這個問題感到迷惑，推薦你看看這部影集。相信你能夠從中受到啟發。

20 在幫助別人前，先要學會保護自己

善意要有，朋友有難也應該幫助，但當自己的力量不夠，防禦措施不到位的情況下，請不要將自己置於危險的境地。

中國寓言故事《東郭先生和狼》講的是東郭先生大發善心救了惡狼，後來差點被狼吃掉。你好心施以援手，卻不知道別人獲救之後，對你升起的歹意。當身處困境時，很多人會裝出「楚楚可憐」的樣子，希望打動別人的憐憫之心，獲得別人的幫助。有的人在獲得幫助後會對幫助者感恩戴德，但有的人在獲救後會產生「邪念」，去傷害幫助自己的人。

有一天，朋友小李像往常一樣，準備下班回家。「抓小偷啊！」他剛走到公司樓下，就聽到一陣尖叫聲。循聲望去，他看到一名女子和一名男子在糾纏。小李沒有多想就衝了過去，一把將小偷揪住。

小偷被抓後，就趕緊把錢包還給女子，並連連討饒：「大哥，我錯了，這是我第一次，求求你放了我吧！」小李動了惻隱之心，鬆開手：「你走吧，以後不要再這樣了。」小偷就這樣被放走了。可是，小李沒走幾步，就發現轉彎處有兩名可疑的男子在蹲守著，定睛一看，其中一人就是那個小偷。還沒等小李反應過來，他就遭到了一頓毒打，然而那個女子，眼睜睜地看著這一切發生，都沒報警，因為她害怕自己再被小偷尾隨報復。

幫助別人沒有錯，錯就錯在，你幫錯了對象。

你幫助一個好人，他會銘記你，感激你，報答你。但你幫助一個惡人，他非但不感激，反而會得寸進尺欺負你，甚至會給你致命的打擊。

台灣有一個男青年跳海救一個小女孩，小女孩獲救了，但是男青年卻落水身亡。女孩的母親不僅不承認自己女兒獲救的事實，反而因為害怕事後賠償，說：「我女兒不需要你救，她會游泳。」在她看來，男青年救她女兒的行為純粹是多此一舉。

《四川日報》曾報導一則新聞，某中學一名高三男生在女生宿舍將一名同班女生用刀刺傷，女生不治身亡。原因是這名男生多次向這名女生借錢，女生也都借給他了，只因這次女生未借錢給他，他便心生歹意，將女生刺傷。一個女孩子哪有那麼多錢滿足別人的無度需索呀，僅僅因為多次幫助後決定不再借時，便惹來了殺身之禍。

發生在日本的「江歌遇害案」也是如此。

中國女留學生江歌為了幫助朋友劉鑫，不僅讓劉鑫住在自己家裡，還幫她應對前來找劉鑫的男友陳世峰。陳世峰尋找女友不成，便將江歌殘忍殺害。她用生命幫助了朋友，劉鑫卻迅速撇清關係，依然一個人快樂地生活。如果不是江歌的母親選擇利用網路，將她的惡劣品行公之於眾，恐怕這個忘恩負義的女子現在都不會承認自己的惡。

善意要有，朋友有難也應該幫助，但**當自己的力量不夠，防禦措施不到位的情況下，請不要將自己置於危險的境地**。君子不立危牆之下，面對一個沒有見過幾次的陌生男子，江歌不應該以身犯險，而應謹慎行事。

中國民間傳說故事《死姚崇算計活張說》，之所以流傳廣，是因為它隱含著一個深刻的技法：如何巧妙地利用人性，讓對方做個善良的大好人。對方可能是大好人，但他們未必對每個人友善。姚崇和張說都是唐朝名臣，姚崇做過兩任宰相，張說做過三任宰相。二人同朝為官輪流任相，難免因為意見不合而產生衝突，日子久了越看對方越不順眼。兩人就這樣結下了梁子，都認為對方不是個好東西，欲殺之而後快。

姚崇要死時，想到自己一倒，就沒人護家裡的人了，「我死後，張說肯定會想辦法抄我家，滅我族……哪怕有一個活口，他也不會甘心。」躺在病榻上的姚崇叫兒子過來說：「我與張丞相不睦，嫌隙甚深。此人自小生活奢侈，尤其喜歡名貴珍寶，我死後，他必以同僚之禮來弔祭。到時，你們將我平生累積的珍寶都羅列出來，若他一眼也不看，你們儘快籌謀家事吧，恐怕舉族將滅亡無遺。如他看上幾眼，你們就安全了，趕快挑選一些珍寶獻與張公，並請他作神道碑文（朝廷重臣的墓誌銘）。拿到他作的碑文後，你們立刻呈請皇上御覽，同時準備好石碑，皇上將碑文賜還後，馬上刻在石碑上。張丞相見事遲於我，數日之後，必當後悔，向你們索取碑文，你們便引他的使者去看已經刻好的石碑，並相告碑文已經得到皇上過目意許。」

姚崇死後，張說急忙登門，表面上是弔祭，實際上是來看仇家的死相。一見張說登門，姚崇的兒子就把他迎進一間雅室，裡面放著許多張說最喜歡的珍奇古玩。一看到這些東西，張說眼睛都直了，把玩了好幾遍。姚崇兒子趁機上前說這些寶物都是父親臨死之前，吩咐送給張說的。張說大喜，一律照單全收。當張說心滿意足地準備離開時，姚崇的兒子卻呈上筆墨請張說給父親題寫墓誌銘。雖然張說根本不想寫，畢竟還沒開始報復就給人寫墓誌銘，後面的報復怎麼進行？

但「拿人手軟」，不答應好像有點說不過去。無奈何，張說只好硬著頭皮寫了。過了幾天，張說才醒過神來，意識到自己上了姚崇的當了，想把這墓誌銘追回來。於是，張說派人回去，對姚崇兒子說：「不好意思，剛才那個墓誌銘，有幾個字寫錯了，拿回來重寫一下……」萬萬沒料到，姚崇的兒子回答說：「哎呀，張大人怎麼不早說，墓誌銘經聖上御覽過後送到石匠處，已經鑿雕在墓碑上了……」這時，張說才明白自己中了姚崇的計。已經替姚崇寫了墓誌銘，這就等於向他示好，如果這時再去暗算他的家人，就不好辦了……沒辦法，他只好做個善良的人，放過姚崇家人了。

西方有個很流行的小故事，說是有個小朋友，名叫湯米，從幼稚園回來，臉上青一塊紫一塊。媽媽問他：「湯米，是誰把你打成這樣？」

湯米哭著說：「是尼克，他仗著自己個頭高，故意欺負我。」

唉，兒子在幼稚園被欺負了，這可怎麼辦呢？母親想了半晌，想出來個好主意，就精心地做了個超好吃的蛋糕，交給湯米，說：「兒子，到了幼稚園，把這個送給尼克，和他做朋友吧。」

湯米拿著蛋糕，去了幼稚園，當天尼克果然沒有欺負他。隔日，湯米從幼稚園回來，臉上傷得更厲害了。

母親吃驚地問：「兒子，你不是給了尼克蛋糕嗎？他怎麼還打你？」

「尼克他……」湯米哭著說：「他又想吃蛋糕了。」

如果你想獲得對方的友情，單純示好，有時候不會起效果。就如這則小故事中所表現出來的一樣，尼克被湯米的媽媽培養成了一個小壞蛋，形成了一種「條件反射」——只要狠狠地揍湯米一頓，就會有美味的蛋糕吃。

現實生活中的許多混蛋就是這樣被社會慣壞的。最初，他們像中國社會新聞的「昆山龍哥」（他戴著大金鏈子，全身刺龍刺鳳，正常人一看到，都會不由自主地產生一種噁心的恐懼感）一樣，色厲內荏，用虛張聲勢恐嚇對方。遇到這樣的混帳時，一般人都會隱忍求全，選擇妥協或逃避。於是他們立即獲得了主動攻擊別人的獎賞。一次又一次的得逞，使他們有了一套思維模式，認為只要暴力對待別人，製造恐懼感，那麼別人在驚慌失措之下，就會屈服於自己的意志，進而他們也就達成了目的。就這樣，他們一直用這種行為模式遊走人間，最終把自己「培養」成了惡棍。

對付這類惡棍，我們唯一能做的，就是將他們繩之以法。

那麼，我們應該如何讓一個人成為好人呢？——先讓他做點好事，用好事成本拖住他，然後讓他捨不得丟棄好不容易累積的好人成本，不好意思撕下臉皮做惡人。

21 小心「登門檻效應」，別被別人牽著鼻子走

做事一定要有底線，超出底線要堅決地說「不」，不可總是「不好意思」拒絕別人，不能總是一味地被別人牽著鼻子走。否則，利益受損的永遠只有自己而已。

人是有力量控制自己的，**一個人得到了來自他人的善意，那麼他就應該控制自己的惡欲，不去糟蹋別人的善良**。如果一個人的某些要求已經被滿足，他就不應該繼續製造更多無理的要求來為難對方。

我們從小接受教育就被要求要有良知，要遠離沒有良心的人。可事實是，人

無完人，我們依然有不完美的地方，情緒來了還是逃不掉。我們必須承認，在發生意外時會緊張，在遇到不公平的事時會憤怒，失去所愛時會難過，被欺負時會有怨氣。因為這是人類的本性，我們很難改變。

情緒、想法都不好控制，就更不用說自己的良心和善意了。所以，那些享受了我們善意對待的人，有時候並不會意識到我們的善意，更不用說自覺對我們報以同樣的善了。

大多數人的性情在平時都是比較平和的，表現出來的也都是柔軟的一面，這就使得很多人容易利用人的內心柔軟做壞事，比如進行情緒勒索，或者直接占人家的便宜。很多人缺乏保護自己的能力，就會在別人的情緒勒索下做自己不想做的事。

女生逛街時，經常會被人拉住：

「小姐，你皮膚有點乾呀！我們幫你敷個免費的補水面膜，耽誤不了你幾分鐘的。」

「小姐，您想體驗免費的形象設計嗎？」

「小姐，我們這裡最近做活動……」

女生往往缺乏意志力拒絕這類「要求」，於是就答應了。她們在享受臉部按摩的同時，還要經得起「促銷員在指出皮膚瑕疵後，向她們推薦上好的美容方法和美容產品」的誘惑。就在這短短的幾分鐘裡，她們似乎被洗腦了，「不好意思」拒絕眼前所有的一切。走出百貨公司時，她們往往提著滿滿一袋子根本不需要的護膚品，甚至還辦了一張上千元的美容卡。

當她們累了，找餐廳吃飯時，心想終於可以避免「被宰」了，沒想到，點完菜後，店員仍不厭其煩地向她們推銷本店的特色菜。本來菜已點夠，但店員的熱情又讓她們沒了主意，覺得「不好意思」拒絕，最後只好同意加一道菜嚐嚐。

最後，摸摸吃撐的肚皮，瞧瞧餐桌上的剩菜，拎起沉重的塑膠袋，她們心裡似乎很不是滋味兒，怎麼也樂不起來，反而有種上當受騙的感覺。回到家後，就是想不通：「怎麼可能？我怎麼會這麼傻呀！」沒錯，如果直接讓她們買，她們肯定不會那麼傻。可是，即使再聰明的人，也經不住精明的店員這一步一步的死纏爛打。最後，她們只能掉入他們早已設好的陷阱裡。

當那些不懷好意的人在給我們慢慢地「洗腦」時，我們很難控制自己的消費心理。雖然這種「因被唬弄而花了不少錢」的傷害並不嚴重，但仍然會讓我們在事後感到無奈。

心理學上有個著名的效應「登門檻效應」。二十世紀六〇年代的某一天，在美國加州的帕羅奧圖市，一個年輕人一大早就來到居民區，挨家挨戶地按門鈴，自我介紹是「社區安全駕駛公民活動」的代表。他既不推銷商品，也不做其他宣傳，而是要求大家允許他在前院的草坪裡放置一塊牌子，上面寫上「小心駕駛」的字樣。綠油油的草坪被一塊巨大的告示牌遮擋了一半，在一百戶居民中，大約有六五%左右的居民表示不同意，而另外的三五%左右的居民卻表示同意。明知道在草坪上豎這麼一塊大牌子會破壞庭院的環境，為什麼還有三五%的居民表示同意呢？

原來一個月前，另一個自稱是「交通安全居委會」的志工也拜訪了這一百戶居民，請求在他們院中豎立一塊告示牌。這個告示牌只有八平方釐米大小，上面「安全駕駛」幾個字字體工整、色彩柔和。結果，當時差不多有一半的居民表示同意，另一半的居民不同意。

經過資料分析，研究者發現，在上一次同意豎立小告示牌的居民中，這次有五五%表示贊同。而在上次不同意豎立告示牌的居民中，這次只有一七%的居民表示贊同。

認同較小請求的人往往將自己看作一個樂於助人的人或樂善好施者，而這種自我感覺使自己在下一次被要求更多的情況下仍願意提供幫助。而這一招也是商家促銷的手段了，他們總是在第一次找上我們時求取一點點，隨後再來求取更大份的，結果屢試不爽。

先用一些小恩小惠將你引誘過來，然後再將你澈底套牢。一個人如果接受了別人的一個小要求，那麼別人在此基礎上再提一個更高點兒的要求，這個人也會傾向於接受。這就稱作「登門檻效應」，也叫「得寸進尺效應」。其實生活當中，我們很容易被「得寸進尺」，很多時候是因為我們的「不好意思」拒絕，從而導致自己的利益受到不同程度的損害。

每個人對世界的認知都有一定的連續性，也就是說，每個人都會對自己是什麼樣的人有一個判斷，然後就會做這種人應該做的事。大多數人都是樂於助人的。別人有求於你，就利用了你「樂於助人」的潛意識，向你提出一個小要求，而你也會因為這是個小要求，自己「不好意思」拒絕，便接受了。而在你接受之後，就產生自己很樂於助人的「幻覺」，當別人提出稍大一點的要求時，你往往不願意讓這種樂於助人的「幻覺」破滅，也就「不好意思」再拒絕了。這在心理學上ㄧ稱作「認知不協調」。

如何做到不被「得寸進尺」，其實並不難，可以嘗試以下策略：

1.保持清醒的頭腦。記住「天上不會掉餡餅」，該拒之門外就要果斷地拒之門外。在心理學上，「不好意思」是一種無法確定的情緒，這種情緒會被別人操縱，最終使你做出被動的選擇，從而導致你的利益受損。

2.避免愚昧的一致性。「承諾一致性原理」就是一旦我們做出了一個決定，或選擇了一個立場，就會有發自內心，以及來自外部的壓力來迫使我們與此保持一致。這種「保持一致」一般都是最具適應性、最受尊重的行為，「前後不一」通常會被認為品行不良、反復無常、言而無信。一旦發現自己的利益將會受損時，就不能再堅持這一原則，否則就是愚蠢。

3. 給自己定一個底線。「底線」即最低的條件或限度。做事一定要有底線，超出底線要堅決地說「不」，不可總是「不好意思」拒絕別人，不能總是一味地被別人牽著鼻子走。否則，利益受損的永遠是自己。

4. 不輕易承諾，三思而後行。在我們開口說話之前一定要慎重思考，三思而後行，切不可輕易做出承諾。對於自己根本就沒有能力做，不打算做或不應該做的事情，絕不能去承諾。

22 不懂我的苦，別勸我大度

有的人，傷害你時不會顧及你。有的人，無論如何也不會相信你的委屈，進而同情你。你要知道，誰的人生都一樣，到最後，無論如何都是冷暖自知。

講一個關於誤會的故事。有的人，傷害你時不會顧及你。誤會一旦產生，沒有誰會關心你是否受到委屈。

某天，職場小資女小L無意間得知自己私下被人貼上了「妖冶輕浮」的標籤。她平時潔身自好，不知道這流言蜚語究竟從何而來。後來，從知情人處得知，那個散布流言的人，竟然是一個她默默欣賞甚至有點喜歡的男人。

我問：「妳恨他嗎？」

她含淚道：「不，連委屈也沒有，只有完全被分裂的感覺。我想過要大罵他一頓的，但是我沒有，我甚至不想讓他知道，我已經知道他對我進行的傷害。知道了又如何呢，又失去一個可以交流的人。」

她告訴我說，很久以來，她都沒有想明白他為什麼要那樣去亂說，她曾經那麼信任他，沒想到，最後出賣自己的竟然是自己最信任的人。

生命就是這樣，免不了要經歷一些很荒唐的傷害。其實，生活中，每個人都經歷過被誤會，被誤解，甚至被汙蔑，只是有些太過細微，我們並沒有在意。只有那些深深刺痛過我們的誤解或汙蔑，才會讓我們感到無比地哀傷。任何情況下，我們的選項都不多，要麼接受，要麼拒絕，要麼尋找真相。但尋找真相得追究細節，這需要花費極大的精力，還不一定有所斬獲，所以大眾的本能大約只會選擇前兩者。

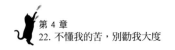

我記得我看日本最殘忍的凶殺案「市橋達也奸殺英籍女子案」時，看到有人呼籲讓這名英籍女子的爸爸原諒凶手，因為他們覺得凶手逃亡期間吃了很多苦，也懺悔了，整容那麼多次，很受折磨。這位英國爸爸在法庭上說，他絕不原諒，並要求用這個國家的最高刑罰懲罰凶手，他的女兒在土堆裡跪地哀求的時候，凶手也沒有一絲一毫的憐憫。

我在中國問答網站「知乎」上看到各種校園霸凌、家庭暴力之類的事件，看到一些人說「放過別人也放過自己」、「青春期的錯誤為何要讓對方用一生去還」……每每看到這些，我都想賞他們一個耳光。這些壞人作惡的時候對受害人沒有絲毫的憐憫，他們又有什麼資格要求被害者原諒！旁觀者沒有經歷那些痛苦，又哪來的資格要求別人原諒。

不要以為他們不懂事，不知道自己可以不負責任，正因為不知道，所以才敢沒有底線地去做那些壞事。而且，他們很多不聽話的行為不是因為他們不懂事，而是他們故意在試探社會接受度和父母的包庇力。

很多少年犯在犯罪之前都會上網詳細查相關法律，因為他們知道盜竊、搶劫和故意殺人是犯法的，知道未成年人犯罪不會被判死刑，因此更加無所忌憚。有的少年犯甚至對司法官說：「等我從監獄出來以後，還是一條好漢。」如果我們給了這樣的惡人以包容，那麼，這種包容就會變成他們敢於漠視生命，踐踏法律的保護傘。

像電子遊戲《這是我的戰爭》（*This War of Mine*）一樣，你可能需要不得不獨自面對其中的資訊封鎖，物資匱乏，暴力橫行，以及這其中的道德淪喪。你的一切經歷，包括死亡都是意外、隨機、不可預知、無可奈何的，你無法也不可能置身事外，但這才有可能是很多人不得不面對的人生真相。

風雨路上，但願你我都能永保善良，在被誤解時擁有一顆保護自我的心，不被惡言傷到，也絕不寬容每一種罪惡行為。

結語
你要善良，但也要有點鋒芒

生活中的很多人都是脾氣很好卻不懂得拒絕的「濫好人」，我曾經也是。我們之所以成為「濫好人」，是因為在我們的心中，這樣的「濫好人」容易與人相處，只要友善待人就可以交到好多朋友。可現實中的有些情況是，這樣的「濫好人」不僅可能交不到真正的朋友，反而會被人利用和欺負，讓生活充滿困擾和麻煩。

我們選擇善良是應該的，但這種善良不應該是軟弱無力，任人擺布的，更不應該是毫無原則，不懂拒絕的。你要記住，**那些一直故意麻煩你、一直讓你很為**

難的人大多不是什麼好人，更不會是你真正的朋友！

很多時候，你以為別人找你幫忙是因為把你當朋友，其實不然，他們不過是覺得你脾氣好，容易說話還不懂得拒絕，就利用你罷了。

不信你可以試試。他們在向你尋求幫助時笑臉相迎，覺得你幫助他們是理所應當的，一旦你拒絕他們，他們就立馬翻臉，說你千般萬樣不好，還要故意為難你，找你的麻煩。

當你的善良表現出了懦弱和不敢拒絕的「姿態」時，你就只能忍氣吞聲，而那些「壞人」只會更加肆無忌憚地欺負你，利用你。

在這個社會上，太過軟弱和不敢出聲的人都是要吃虧的。

太過「善良」的濫好人其實很愚蠢，活得也會很辛苦。

何必呢？

我的一位朋友對同事的要求有求必應，讓自己很苦惱。朋友和我交談後，第一次拒絕了同事，她言辭犀利地對那位同事說：「抱歉，我自己的事情都忙不過來，不能幫你了。」

那位同事擠出微笑說：「這不是什麼大事，一點小忙，舉手之勞而已。」

「對不起，我真的沒有時間。」

「你怎麼連這點忙都不幫我，我們都是同事啊。」

「既然大家都是同事，那你為什麼就不能幫我分擔一點工作呢？」

那位同事無力反駁，只好悻悻地走開了。自此以後，我這個朋友再也沒有受到同事的為難，工作得舒心又愜意。

善良雖好，但你也不要繼續當那種善良的「濫好人」了。

這是我發自內心想說的話。

因為善良並不代表懦弱、不敢拒絕和任人擺布，我覺得人應該善良，但一定要有自己的原則，有一點脾氣。

「不好意思，我幫不了你。」

在有人故意為難你時，大膽地說出這句話，果斷拒絕那個人吧。

你要知道，你要有骨氣一點，才不會讓那些欺軟怕硬的人欺負你。

你要敢於拒絕，才不會讓那些心機深重的人利用你。

你要有自己的原則，才不會在生活中一直忍氣吞聲。

請做一個內心柔軟而有鋒芒、善良而有原則的好人吧！

「你的善良，必須有點鋒芒，否則就等於零。」

——拉爾夫．沃爾多．愛默生（Ralph Waldo Emerson）

「善良比聰明更難，選擇比天賦更重要。」

——傑夫．貝佐斯（Jeff Bezos）

HEART
心|視野　心視野系列 054

你的善良必須有點鋒芒 2

如何聰明善良，才能讓你做個內心柔軟，但有骨氣的好人？

作　　者　慕顏歌
總 編 輯　何玉美
主　　編　林俊安
封面設計　張天薪
內頁排版　唯翔工作室

出版發行　采實文化事業股份有限公司
行銷企劃　陳佩宜・黃于庭・馮羿勳・蔡雨庭
業務發行　張世明・林踏欣・林坤蓉・王貞玉
國際版權　王俐雯・林冠妤
印務採購　曾玉霞
會計行政　王雅蕙・李韶婉
法律顧問　第一國際法律事務所　余淑杏律師
電子信箱　acme@acmebook.com.tw
采實官網　www.acmebook.com.tw
采實臉書　www.facebook.com/acmebook01

I S B N　978-986-507-035-9
定　　價　300 元
初版一刷　2019 年 9 月
劃撥帳號　50148859
劃撥戶名　采實文化事業股份有限公司
104 台北市中山區南京東路二段 95 號 9 樓
電話：(02)2511-9798　傳真：(02)2571-3298

國家圖書館出版品預行編目資料

你的善良必須有點鋒芒 2：如何聰明善良，才能讓你做個內心柔軟，但有骨氣的好人？/ 慕顏歌著 . -- 初版 . – 台北市：采實文化 , 2019.09
208 面；14.8×21 公分 . -- (心視野系列；54)

ISBN　978-986-507-035-9（平裝）

1. 修身　2. 生活指導

192.1　　108012311

本書台灣繁體版由　四川一覽文化傳播廣告有限公司　代理，
經　北京時代華語國際傳媒股份有限公司　授權出版。

采實出版集團
ACME PUBLISHING GROUP

HEART

心|視野

HEART
心|視野